读点国史
辉煌年代国史丛书

关山飞渡
1962年的中国

许剑波 著

四川人民出版社

图书在版编目（CIP）数据

关山飞渡：1962年的中国/许剑波著．—成都：四川人民出版社，2017.12（2024.7重印）
（读点国史：辉煌年代国史丛书）
ISBN 978－7－220－10485－5

Ⅰ．①关…　Ⅱ．①许…　Ⅲ．①中国历史－1962
Ⅳ．①K275

中国版本图书馆CIP数据核字（2017）第278319号

GUANSHAN FEIDU：1962NIAN DE ZHONGGUO
关山飞渡：1962年的中国
许剑波　著

策划组稿	谢　雪
责任编辑	董　玲　谢　寒
封面设计	张迪茗
内文设计	戴雨虹
责任校对	韩　华
责任印制	祝　健
出版发行	四川人民出版社（成都市三色路238号）
网　　址	http://www.scpph.com
E-mail	scrmcbs@sina.com
新浪微博	@四川人民出版社
微信公众号	四川人民出版社
发行部业务电话	（028）86361653　86361656
防盗版举报电话	（028）86361653
照　　排	四川胜翔数码印务设计有限公司
印　　刷	四川五洲彩印有限责任公司
成品尺寸	165mm×240mm
印　　张	18
字　　数	187千
版　　次	2018年6月第1版
印　　次	2024年7月第3次印刷
书　　号	ISBN 978－7－220－10485－5－01
定　　价	59.80元

总 序

◎李 捷

肩负起以史为鉴、资政育人的神圣使命

《读点国史：辉煌年代国史丛书》主编刘国新同志要我为丛书写篇序。要说的很多，想来想去，还是从国史的地位和国史研究的意义说起。

2013年6月25日，习近平总书记在中共中央政治局第七次集体学习时提出："学习党史、国史，是坚持和发展中国特色社会主义、把党和国家各项事业继续推向前进的必修课。"这就把党史、国史的学习、宣传和研究提到很高的地位。

学习、宣传和研究国史，有助于我们认清党和国家发展的历史方位，认清肩负的历史责任和神圣使命，更加坚定自觉地坚持和发展中国特色社会主义。中华人民共和国如今已经走过近七十年的光辉历程。这个光辉历程，是中华民族伟大复兴史的辉煌篇章。新中国的成立，标志着中华民族伟大复兴第一个历史任务的实现，中华民族的历史从此进入一个新纪元。但是，这只是万里长征走完第一步，中国共产党继续承担起为实现国家繁荣富强、

人民共同富裕的中华民族伟大复兴第二大历史任务。为此，我们完成了社会主义革命，进行了社会主义建设，进行了改革开放新的伟大革命，终于找到了中国特色社会主义这一实现中华民族伟大复兴的必由之路。重温这段历史就会发现，中国共产党领导、马克思主义指导、改革开放和中国特色社会主义道路，都是历史和人民的选择。中国革命、建设和改革为什么只能由中国共产党来领导，而不能由其他政党来领导？为什么中华民族伟大复兴只能以马克思主义为指导，而马克思主义又必须同中国实际相结合？为什么中国只能走社会主义道路，其他的道路为什么走不通？这些本需要从理论上用许多笔墨来阐释的道理，只要站在人民的立场上，紧密结合中国革命、建设和改革的历程，就不难得到解答。这本身就说明，科学理论的逻辑根植于历史发展的总趋势和总脉络之中。只要是站在人民大众的立场，而不是站在少数人的立场，秉承实事求是的原则，而不是抱有某些先入为主的偏见，就不难得出历史的结论。因此，国史同党史一样，都是认清历史方位、历史走向、历史结论最为生动的教科书。

学习、宣传和研究国史，有助于我们深入理解马克思主义中国化的探索史和发展史。新中国所取得的巨大成就，就在于执政的中国共产党是一个在理论上富于探索和创新精神的马克思主义政党。这种理论创新，根源于马克思主义指导，根源于马克思主义基本原理与实际的结合和运用，更根源于自身的历史和实践，根源于历史经验和实践经验的科学总结。马克思主义中国化，都是科学总结党和国家历史正反两方面经验的结果，都是在此基础上对中国革命基本规律、基本理论、基本路线、基本纲领、基本经验的认识产生新飞跃的结晶。改革开放以来逐步形成的党在社会主义初级阶段的基本理论、基本路线、基本纲领、基本经验、基本要求，也是在一代又一代党和国家领导人的带领下，经过不断艰辛探索，不断概括总结，不断推动理论创新和实践创新的基础上，接力发展得来的。尽管改革开放以前的探索经历过严重的曲折，直到党的十一届三中全会成功实现伟大的历史性转折之后，这一探索才真正走上了中国特色社会主义的康庄大道。但历史是不能割断的。改革开放以前成功的探索所提供的宝贵经验、理论准备、物质基础是宝贵财富，改革开放以前严重失误的探索所提供的历史借鉴同样是使我们党坚定不移地走上中国特色社会主义道路的宝贵财富。为什么说无论搞革命、搞建设、搞改革，道路问题都是最根本的问题？为什么说新中国的一切成就，归结到一点，就是开辟形成确立了中国特色社会主义道路、中国特色社会主义理论体系、中国特色社会主义制度？要正确回答这些问题，必须系统地而不是零散地学习研究共和国的历史，深入地了解党的治国理论是如何从自身的历史和实践中总结出来的，又是如何随着时代和实践的发展变化而不断丰富、完善、创新、发展的。因此，国史是深刻理解马克思主义基本原理和科学社会主义原理在中国的成功运用和创造性发展最为生动的教科书。

学习、宣传和研究国史，有助于我们深入把握历史发展的主题和主线、主流与本质，更加自觉地划清历史唯物主义同历史虚无主义的原则界限，增强辨别真伪、明辨是非的能力。新中国成立后我们也有过“大跃进”和“文化大革命”这种全局性的严重失误。然而，这些曾经给建设事业造成严重损失的失误，都依靠党和国家自身得到了彻底纠正。不仅如此，从这些失误中得到的教训，还转化为实现伟大历史转折、推动党在理论上更加成熟、成功开辟新路的宝贵财富。正所谓“吃一堑长一智”。只要我们把这些作为完整的历史过程联系起来看，既看到党和国家在艰辛探索中犯错误的历史，也看到党和国家自觉纠正错误探寻新路的历史，更看到党和国家在探索中走向成熟、走向辉煌的历史，就不难认清新中国历史的主题和主线、主流和本质。为什么说必须坚持改革开放前后两个历史时期的辩证统一，既不能用改革开放后否定改革开放前的历史，也不能用改革开放前否定改革开放后的历史，其深刻的道理就在这里。自中国共产党成立之日起，党团结带领全国各族人民为实现民族独立、人民解放和国家繁荣富强、人民共同富裕这两大历史任务而不懈奋斗，这就是国史的主题和主线。一部共和国史，就是党领导人民完成新民主主义革命和社会主义革命、进行社会主义建设和改革开放新的伟大革命的历史，就是不断推进马克思主义中国化，最终形成中国特色社会主义道路、理论和制度的历史，就是党在中国革命、建设和改革各个历史时期坚持全心全意为人民服务的宗旨、永葆先进性和纯洁性的历史。这就是国史的主流和本质。在这方面，通过拨乱反正实现伟大历史转折形成的第二个历史决议，为我们用历史唯物主义正确对待历史树立了榜样。历史反复证明，把握国史的主题和主线、主流和本质，不但不会妨碍对自身所犯错误的反思与纠正，而且正是彻底纠正错误、总结经验、吸取教训的科学前提。这正是历史唯物主义同历史虚无主义的根本区别。因此，国史是启迪人们从成功中吸取经验、从失误中吸取教训，不断开辟走向胜利的道路、提高领导水平和执政能力最为生动的教科书。

学习、宣传和研究国史，还有助于我们弘扬中国精神、凝聚中国力量，团结一切可以团结的力量，调动一切可以调动的积极因素，为实现民族复兴“中国梦”而奋斗。新中国在不同历史时期形成了雷锋精神、“铁人”精神、“两弹一星”精神、改革开放时代精神等，形成了理论联系实际、密切联系群众、批评和自我批评的优良传统作风。毛泽东、刘少奇、周恩来、朱德、任弼时、邓小平、陈云等老一辈革命家不仅亲手培育了这些精神和优良传统作风，而且身体力行、率先垂范，为我们党树立了坚持理想信念和党性修养的精神与道德的楷模。无论在发展顺利之时，还是身处逆境之时，中国共产党人始终秉持理想信念的力量，秉持崇高精神的力量，所向披靡，无坚不摧。中国共产党用牺牲了上千万英雄儿女的事实，用自身的先锋模范作用，用革命、建设和改革的辉煌业绩，用全心全意为人民服务的赤诚，感召了全中国各族人民聚集在中国特色社会主义旗帜之下，为实现民族复兴“中国梦”而共同奋斗。因此，国史是继承中华文明5000多年优良传统，坚持近代170多年以来形成的革命传统，在当代弘扬中国精神、凝聚中国力量最为生动的教科书。

研究国史是神圣的事业，一定要投入真感情。也就是说，不仅仅要把研究国史看成是一项工作，有科学严谨的研究方法和研究态度，更要把研究国史看成是一份神圣的事业，一份值得投入精力、倾注感情的事业。有了这份深厚的感情，才能有研究的动力和出发点，也才能取得经得住时间检验的科研成果。《读点国史：辉煌年代国史丛书》由一批国史研究领域的专家担纲撰写，他们有专业背景，曾承担过国家级重大课题，也都有个人的研究著述，形成学风严谨、功力扎实的品格。我相信这套丛书是他们用心写就的。

如今社会上存在着一种质疑国史和党史的倾向，这种质疑恰恰是对历史缺乏深入了解的结果。一方面，极少数人为了某种目的，想要刻意否定这段历史，因此就把历史上共产党人的缺点和错误无限夸大，这是一种歪曲历史的行为；另一方面，有些人以“历史解密”“历史内幕曝光”为噱头，在网上抛出许多没有依据的、鲜为人知的历史来吸引人们的好奇心和注意力，这也是对历史的一种误导。这套丛书以正史的姿态普及国史知识。它所选取的12个年份，是有影响和充实着重大事件的12年，构成了共和国历史的基本框架。该丛书采用纪事本末体，分别立传，既不歪曲历史也不误导读者。创作理念上以平实为要，不求新奇，不发空论。古代史学家刘知幾认为“良史以实录直书为贵”，顾炎武也说“古人作史有不待论断而于序事中即见其指者”，都讲的是论从史出的道理。该丛书秉承了中国史学的这一传统。在行文上力求鲜活、生动、明快。内容铺陈上又能做到严谨而不失于呆板，摆脱了偏重政治史的范式，特别注意对社会风尚、时代精神、民间习俗以及大众意识的描述，每一本书相对来说都有一个知识增量。

站在今天去理解历史、感知历史，可以更好地把握未来。我们在感知共和国脉搏律动的同时，也在书写共和国不同凡响的篇章。一位老同志曾经说过，共和国千秋万代，国史研究也千秋万代。让我们在千秋万代的事业中贡献自己的一点一滴。

总前言

◎刘国新

在中华人民共和国成立近七十周年之际，将自己多年的研究成果和心得付梓，是从事国史研究的专业人士理应做到的分内之事。

2013年6月25日，习近平总书记在中共中央政治局第七次集体学习时提出："学习党史、国史，是坚持和发展中国特色社会主义、把党和国家各项事业继续推向前进的必修课。"把党史、国史的学习提到各项事业前进的必修课的高度，这还是第一次。《读点国史：辉煌年代国史丛书》正是落实习近平这个号召的具体行动。它以正史的姿态普及国史知识，用它的品位在"读点国史"中尽一份社会责任。

这套《读点国史：辉煌年代国史丛书》选择在共和国历史上产生过重大影响或者引起社会加速发展并充实着重大事件的12个年份为时间节点，一年一本，各自成卷，构成了共和国历史的基本框架。

如果从完整的纪年看，1950年无疑是新中国的第一年。中国20世纪最伟大的女性、被人们称为"国之瑰宝"的宋庆龄，当年是中央人民政府副主席，她将1950年称作"第一年的新中国"。

这一年，我们的共和国到处洋溢着欣欣向荣的新气象。新社会、新政府、新生活、新天地……大到国家关系，小到百姓的日常起居，人们都实实在在地感受到新旧社会两重天，感受到中国的历史巨变。当然，这仅仅是开始，更为波澜壮阔的变迁还在后面。在共和国历史中，1950 年之所以具有里程碑意义，就在于它是“一元初始，万象更新”。

1954 年之所以是“大业宏图”，皆因这一年召开了第一届全国人民代表大会，毛泽东主持制定了共和国第一部宪法。中国第一次以大国身份出席重要的国际会议，提出划时代的和平共处五项原则，为建立国际关系新秩序奠定了坚实的理论基础和令人信服的实践基础。这一年又是过渡时期总路线公布后的第一年，公私合营和农业合作化运动，迈出了决定性的一步。

1956 年，社会主义改造全面完成。接下来召开的中共八大清醒地认识到我国无产阶级和资产阶级之间的矛盾已经基本解决，国内主要矛盾是人民对于建立先进的工业国的要求同落后的农业国的现实之间的矛盾，是人民对于经济文化迅速发展的需要同当前经济文化不能满足人民需要的状况之间的矛盾。为此，党和国家的工作重点就是把我国尽快地从落后的农业国建设成为先进的工业国。这一年，“双百”方针的提出，“向科学进军”的号召，使整个科学文化事业呈现出勃勃生机。1956 年的的确确是“意气风发”的一年。

从 1956 年至 1966 年的十年是共和国开始全面建设社会主义的十年。这其中既充满艰辛的探索，也不可避免地在探索中曲折发展。这十年间，有代表性的是 1962 年。年初召开的七千人大会，初步总结了“大跃进”以来的经验教训，对推动国民经济全面调整起到了积极作用。9月召开的党的八届十中全会未使“左”倾错误在经济工作的指导思想上得到彻底纠正，而在政治和思想文化方面还有发展。国内形势困难曲折，国际局势错综复杂。印度不断在中印边界制造事端，中国军队被迫自卫反击。中苏两党分歧加剧，国际共运的争论和分歧达到新阶段。用“关山飞渡”来概括这一年，较为贴切。

1976年可谓大悲大喜。“文化大革命”这一全局性的错误至此已进入第十个年头，三位伟人相继离世，“四人帮”倒行逆施，唐山大地震损失惨重，国民经济濒临崩溃边缘。中国人民在关乎国家与民族命运的大搏斗中终于再次赢得胜利。噩梦醒来，艳阳高照。所谓“激荡岁月”，暗含这一年各种矛盾胶着、较量，经历着动荡和激变，代表着正义的力量终于取得了胜利的那样一种状态。

1978年是共和国历史上经历伟大转折的一年。粉碎“四人帮”后，我党为肃清“左”的影响，为发展国民经济进行了大量的卓有成效的工作，但也遇到阻力。关于真理标准问题的大讨论，在全党再次确立了实事求是的思想路线。党的十一届三中全会的召开，在政治、思想、组织等领域全面开始了拨乱反正，揭开了改革开放的序幕，标志着一个新时代的开始，“伟大转折”成为新的起点。

1984年，农村改革使粮食产量第一次突破4亿吨，基层政权建设完成了政社分离，建立了乡政府和村民委员会，人民公社体制不复存在。党的十二届三中全会的决定突破了把计划经济同商品经济对立起来的传统观念，为经济体制改革提供了新的理论指导，改革的重点从农村转向城市。对外开放迈出新的步伐，开放14个沿海港口城市。根据“一国两制”的构想，中英两国政府签订了联合声明，香港问题圆满解决。这一年，可谓“春潮涌动”。

1992年，邓小平视察南方并发表重要谈话，从理论上深刻回答了长期困扰和束缚人们思想的许多重大问题。同年召开的党的十四大作出三项具有深远意义的决策：确立邓小平中国特色社会主义理论在全党的领导地位；明确我国经济体制改革的目标是建立社会主义市场经济体制；强调抓住机遇，加快我国经济社会的发展，推进改革开放跃上新台阶，中国改革开放的大船“迎风破浪”，驶上新的航程。

1997年，江泽民在党的十五大报告中，进一步阐述邓小平理论的历史地位和指导意义，进一步阐述党在社会主义初级阶段的基本路线和基本纲领，并就建设中国特色社会主义的政治、经济、文化作出全面部署，确定了跨世纪发展的宏伟蓝图，明确回答了国际国内普遍关注的邓小平逝世后中国怎样“继往开来”的重大问题。

2003年，是中国发展进程中重要而非同寻常的一年，也是改革开放和社会主义现代化建设取得显著成就的一年。以胡锦涛为总书记的新一届中央领导集体从改革开放25年的实践中、从抗击“非典”疫情的斗争中获得重要启示：坚持以人为本，树立全面、协调、可持续的科学发展观，促进经济社会和人的全面发展。从单纯追求经济增长，到促进经济、社会和人的全面发展，这是中国发展观的重大进步，适应了全面建设小康社会的迫切要求。

2008年，是深入贯彻落实党的十七大精神、推进“十一五”规划顺利实施的关键一年，也是我们应对国际经济形势复杂变化、保持经济平稳较快发展的重要一年。中国人民同心同德、顽强拼搏，成功抗击南方部分地区严重低温雨雪冰冻灾害和四川汶川特大地震灾害，成功举办北京奥运会，完成“神舟”七号载人航天飞行任务，举办第七届亚欧首脑会议，中国的经济实力和综合国力进一步增强，人民生活水平继续提高。中国人民同世界各国人民加强友好交流和务实合作，共同应对国际金融危机等严峻挑战，为维护世界和平、促进共同发展做出了新的贡献。这一年恰逢改革开放30周年，中国人民隆重纪念这一重要历史时刻，在总结经验的基础上对继续推进改革开放作出了部署。

2013年在新中国历史上值得书写，不仅因为这一年是新一届政府产生之年，而且因为执政的中国共产党的作风和纪律切实需要加以整顿，党内腐败蔓延正在侵蚀党的肌体，引起人民的强烈不满；改革开放到了深水区和攻坚期，如何让多年的改革开放成果惠及全体人民，而不仅仅是一句漂亮的口号；粗放的经济发展模式，付出了太多的资源和环境成本的代价，必须下大决心转变。这一年，以习近平为首的中共中央在治党治国治军、改革发展稳定的征程上都迈出了坚定的步伐。中华民族伟大复兴的“中国梦”是人民永续辉煌的不竭动力。

尽管有人把国史看作是中国历史“自然的延伸”，但我觉得国史与历代中国断代史还是有所区别的。中国是历史积淀异常深厚的国度，不仅历史悠久，而且史官文化高度发达，史籍经典延绵不绝，史志资料浩如烟海。按照中国史学的一般传统，是后人记前人事，盖因后人看前人更客观，档案文献的查找也更便利。但也不尽然。被鲁迅称为“史家之绝唱，无韵之离骚”的《史记》，其作者司马迁就生活在汉武帝时代，书中就曾记录了不少当时的人和事，无怪乎有人干脆称《史记》为“实录”（《汉书·司马迁》）。今天人讲今天事，当代人修当代史继承的就是中国史学的这一特殊传统，尽管在秉笔直书、正视历史真相方面多多少少还是有距离和难度的。但本套丛书还是做到了“存史”的目的。把过去发生的事情娓娓道来，写清楚它们的来龙去脉，应了孔子所说的“物有本末，事有始终，知所先后，则近道矣”和刘知幾强调的“良史以实录直书为贵”的要求。

这套国史丛书由一批国史研究领域的专家担纲撰写，他们有严谨的治学态度和深厚的学术功力，不会轻易受干扰和动摇。笔者相信这些著作会给读者以不同的感受。

目　录

第二章 调 整

第四章　冲突与分歧

第五章 文化·风情

引　言

从 1957 年至 1966 年，是我国全面建设社会主义的十年，也是正确与错误两种倾向都在发展的十年。正确的方面表现为对国民经济的调整大见成效，经过五年的调整，1962 年之后的一段时间成为共和国经济发展比较好的时期之一。以“两弹一星”为代表的科学技术和国防工业也取得长足进展。“我们赖以进行现代化建设的物质技术基础，很大一部分是这个时期建设起来的”（《关于建国以来党的若干历史问题的决议》）。错误的方面集中表现为阶级斗争理论进一步发展，最终导向“文化大革命”这一全民族的灾难。这两者是互相矛盾的，但矛盾暂时被控制在一定范围内了。历史的复杂性，为我们展现了曲折的发展轨迹。

这十年间最有代表性的是 1962 年。

这年 1 月召开的七千人大会是好的倾向的一个标志。当时的中央领导集体在复杂纷繁的国际国内环境中，始终紧紧抓住“调整”这个中心不放，从而使 1962 年成为五年调整取胜的最关键的一年，这也是它成为共和国里程碑的最根本的依据。9

月召开的八届十中全会，并未使“左”倾错误在经济工作的指导思想上得到彻底纠正，而在政治和思想文化方面还有所发展。但要指出的是，刘少奇提出把这次会议精神控制在一定范围内，以免影响国民经济的调整工作，毛泽东同意了这个意见。

1962年的国际形势也错综复杂。印度不断在中印边界进行挑衅，最后终于发动了大规模进攻。中国军队被迫自卫还击，并取得胜利。中苏两党分歧加剧，国际共运的争论和分裂达到新的阶段……

用“关山飞渡”来概括这一年，似较贴切。其中的“渡”带有困难虽大，总能从容应对之意。

第一章

严峻的形势

关山飞渡——1962年的中国

1962年初，中国国内形势十分严峻。五年前的1957年，在中国共产党的领导下，全国人民意气风发，努力工作，提前完成了第一个五年计划，新中国出现了政通人和、百业兴旺的局面，新中国所取得的建设成绩确实值得年轻的共和国骄傲。可是，1957年“反右派斗争”错误地扩大化，把近55万名知识分子打成右派。1958年“大跃进”运动，造成了国民经济的严重困难。1959年，庐山会议把敢于直言的政治局委员、国防部部长彭德怀等人打成“反党集团”，进而又发动了“反右倾运动”，使党内民主生活遭到损害，打断了纠正“左”倾错误的进程。中共中央从1960年提出对国民经济实行调整，经过一个酝酿、完善的过程，逐步形成“调整、巩固、充实、提高”的方针。1961年党的八届九中全会正式批准了这个“八字方针”。从此，我国国民经济进入调整时期。1961年又提出大兴调查研究之风，到这年底，国民经济特别是农村形势已显露出好转的苗头。但是，发展不平衡，城市形势依然十分严峻，工业生产继续大幅度滑坡。而各级领导对调整工作的重要性和紧迫性的认识仍不统一，极大地影响了调整工作的深入开展。

一、“三年困难时期”到底有多困难

◎“大跃进”大炼钢铁，超英赶美，浮夸成风

◎庐山会议“揪出”了个“彭黄张周反党集团”

◎“左”的错误占据了主导地位

◎“反右倾运动”中，“左”倾观点被吹捧为“创造性的马克思主义”

1958～1960 年持续三年的“大跃进”，是我国对生产资料所有制的社会主义改造基本完成以后，在社会主义建设总路线的推动下，为了迅速改变我国一穷二白的面貌而掀起的一场大规模的群众运动。这场以超英赶美为目标，以大炼钢铁为标志的全国范围的群众运动，是新中国试图在社会主义建设中打开新局面的一次探索。实践证明，这次探索是不成功的，它离开了党的八大通过的关于发展国民经济的“二五”计划的正确建议，违背了经济建设的客观规律，打乱了国民经济的秩序，不仅没有实现经济发展的高速度，反而造成了巨大的损失，致使国民经济在 1959～1961 年发生了严重的困难。1959 年庐山会议期间，听说 1958 年全国土法炼铁，地方已补贴 20 余亿元，国家还要补贴 20 余亿元，彭德怀十分心疼。他说：“这个数字好大，比一年的国防费开支还要多。用这笔款去买消费物资，把它堆起来，恐怕会有庐山这样高。”

彭德怀此话不假。中国国民经济陷入了严重的困境。积累与消费比例失调。1958～1960 年的积累率分别达到 33.9%、

43.9％、39.6％，大大超过第一个五年计划期间已经较高的24.2％平均积累率。由于积累率过高，已经摊开的基本建设规模太大，没有后续力量，工农业比例失调。由于抽调了大批农村青壮年劳动力大办工业、大修水利，使农村劳动力十分缺乏；同时，过快地发展工业，挤了对农业的应有投入。在工业内部，轻重工业比例失调，重工业内部各部门比例失调。钢铁生产挤占了大量能源、原材料和交通运输，采掘工业落后于冶金、加工业，工业与交通运输比例失调，运输能力的增长远远落后于运输量的增长，使其他部门无法正常生产。工业和企业管理混乱，产品质量下降，劳动生产率下降，浪费惊人，损失严重。财政收支失衡，市场上社会购买力与商品的可供量比例失调。三年里，财政虚收实支，虚盈实亏。人们最基本的生活用品——粮食、棉布的人均消费量，降到了新中国成立以来的最低水平，人民生活发生了严重的困难。死亡率显著增高，据正式统计，1960 年全国总人口比上年减少 1000 万。

在“大跃进”中，个人意志代替了客观经济规律，出现了五花八门的所谓“经济理论”。一种是“以钢为纲，带动一切”。就是说，为了钢铁元帅升帐，各部门、各地方都要把钢铁的生产和建设放在一切工作的首位。这实际上是全力保钢，牺牲其他。结果是钢没有保成，其他又受到严重损害，破坏了国民经济按比例发展的经济规律。一种是“积极平衡”论。即以“平衡是相对的，不平衡是绝对的”为由，把国民经济应在综合平衡中前进的观点说成是“消极平衡”，人为地打破平衡，把主张留有缺口的计划说成是“积极平衡”。

中央高度集权的体制，有一种“放大效应”。这就是计划工作中“三本账”问题。在追求高速度的过热空气中，为了便于各级计划层层加码，1958 年 1 月在《工作方法六十条（草案）》中明确规定：要实行“生产计划三本账。中央两本账，一本是必成的计划，这一本公布；第二本是期成的计划，这一本不公布。地方也有两本账。地方的第一本就是中央的第二本，这在地方是必成的；第二本在地方是期成的。评比以中央的第二本账为标准”。[①] 实行“生产计划三本账”制度使本来就过高的指标又提高了两个台阶。这种不可能实现的计划，只能刺激经济过度紧张，助长人们说假话、说大话的坏风气的蔓延。

“大跃进”造成的困难，中共中央和毛泽东也早有察觉。从 1958 年末开始，中共中央连续召开了一系列会议，试图在一定程度上纠正“左”的错误。1959 年 6 月，中共中央决定在庐山召开政治局扩大会议，继续纠正已觉察的“大跃进”和人民公社化运动中的“左”的错误。毛泽东想在某种程度上纠正一些“左”的错误，但并不愿全盘否定“大跃进”和人民公社。当“大跃进”的热潮刚刚腾起时，当时担任中共中央政治局委员、国防部部长的彭德怀曾经有过疑问，而这些问题在庐山会议初期，到会同志并没有推心置腹地谈出来。会议期间，彭德怀与时任湖南省委书记的周小舟曾倾心交流过各自了解的情况。彭德怀说想找主席谈，又怕谈不好，所以想写信。周小

① 《建国以来毛泽东文稿》第 7 册，中央文献研究室，1992 年，第 48 页。

舟积极赞成他的想法。彭德怀还同住得很近又意见一致的张闻天多次交谈。

7月14日，彭德怀给毛泽东写了一封3600余字的信，这就是“彭德怀上书”。

彭德怀在信中讲了两个大问题：

“甲、1958年大跃进的成绩是肯定无疑的”。彭德怀肯定1958年工农业总产值、农副业和财政收入的增长速度，“是世界各国从未有过的”，“突破了社会主义建设速度的成规”，“通过大跃进，基本上证实了多快好省的总路线是正确的”。他也指出，1958年的基本建设，有些项目过急、过多了一些，分散了一部分资金，这是一个缺点。关于公社化，彭德怀肯定“具有伟大意义”，但也指出，“在所有制问题上，曾有一段混乱，具体工作中出现了一些缺点错误”。他还指出，全民炼钢铁多办了一些小土高炉，浪费了一些资源（物力、财力）和人力；虽然付了学费，但也“有失有得”。

“乙、如何总结工作中的经验教训”。这一部分是彭信的重点。他说，1958年的缺点错误有一些是难以避免的，如对社会主义建设不熟悉，没有完整的经验。但在我们的思想方法和工作作风方面，也暴露出不少值得注意的问题。彭德怀总结了两点：（一）浮夸风普遍地滋长起来。他说，产生一系列问题的起因，是犯了不够实事求是的毛病。浮夸风气，吹遍各地区、各部门，一些不可置信的奇迹也见之于报刊，确使党的威信蒙受重大损失。当时从各方面的报告材料看，共产主义大有很快到来之势，使不少同志脑子发起热来。（二）小资产阶级的狂热性，使我们容易犯“左”的错误。彭德怀指出，一些“左”的倾向有了相当程度的发展，总想一步跨进共产主义，抢先思想一度占了上风；把党长期以来形成的群众路线和实事求是作风置诸脑后了。在思想方法上，往往把战略性的布局和具体措施、长远性的方针和当前步骤、全体与局部、大集体与小集体等关系混淆起来。彭德怀还指出，过早否定等价交换法则，过早提出吃饭不要钱，有些经济法则和科学规律被否定，都是一种“左”的倾向。彭德怀认为，由于比例失调引起各方面的紧张，影响到工农之间、城市各阶层之间和农民阶层之间的关系，因此是具有政治性的。

应该指出，彭德怀的信并没有否定总路线、“大跃进”和人民公社。这或许是他的认识还没有深入到从根本上否定“三面红旗”的程度，或许是因为他还不敢这么说。即便是这样，他似乎仍担心有“言过其实”之处，在信里说自己“类似张飞，确有其粗，而无其细”；还向毛泽东说明，信是特写给他做参考的。

彭德怀万万想不到，他的信闯下了大祸，拉开了一场悲剧的大幕。

7 月 16 日，彭德怀的信被毛泽东冠以《彭德怀同志的意见书》的标题，印发给与会者。7 月 23 日，毛泽东向全体与会者发表讲话。毛泽东说：现在党内外都在刮风。所有右派言论都出来了。不论什么话都让讲，无非是讲得一塌糊涂。越讲得一塌糊涂越好，越要听。为什么要让人家讲呢？其原因在神州不会陆沉，天不会塌下来。无非是一个时期猪肉少了，头发卡子少了，没有肥皂，比例有所失调，工业农业商业交通都紧张，搞得人心也紧张。我看没有什么可紧张的。说我们脱离群众，我看是暂时的，就是两三个月。群众还是拥护我们的。小资产阶级狂热性有一点，不那么多。

毛泽东愈说愈尖锐："据我观察，有一部分同志是动摇的。他们也说大跃进、总路线、人民公社都是正确的，但要看讲话的思想方向站在哪一边，向哪一方面讲。"毛泽东说，"有失有得"，"失"放在前面，这都是仔细斟酌了的。如果要戴高帽子，这回是资产阶级动摇性，或降一等，是小资产阶级动摇性，是右的性质，受资产阶级影响，屈服于帝国主义压力之下。他还说，这些人自己把自己抛到右派边缘：只差 30 公里了。现在他们这种论调，右派欢迎。这种同志采取边缘政策，相当危险。

毛泽东通篇讲话并没有点彭德怀的名，却再明白不过地严厉批评了彭德怀。他甚至在讲话中表明自己与彭德怀势不两立的态度，他说："你独裁，不如我独裁"；"人民解放军跟你走，我就上山打游击"。这是毛泽东第一次对彭德怀上书的公开表态。

8 月 2 日，中共中央召开八届八中全会，对彭、黄、张、周开展了暴风骤雨般的批判。8 月 16 日，全会闭幕。会议通过《关于以彭德怀同志为首的反党集团的错误的决议》。全会决定，把彭德怀、黄克诚、张闻天、周小舟调离国防、外交、省委第一书记等现职岗位，保留中央委员、中央候补委员、中央政治局委员、政治局候补委员的职务，以观后效。庐山会议以纠“左”始，以反右终；以正确开始，以错误结束。它是新中国成立以后我们党在经济工作中和党内政治生活中出现的一次带有全局性的重大失误，也可以说是中央在重大决策问题上一次明显的失误。它中断了在经济工作中纠“左”的进程，逆转了本来有所好转的经济形势。过火的、非理性的、是非颠倒的政治批判，迅速由山上波及到山下，并发展成为全党规模的“反右倾”斗争，从而使原来的“左”倾错误，即主要是经济工作指导方针上的失误，非但未能得到彻底纠正，反而发展成政治上、思想上、理论上、组织上的一系列重大错误，造成了极其严重的后果。

庐山会议发展了阶级斗争扩大化的“左”倾理论，特别是提出和强化了阶级斗争转向党内的错误观点，给后来国家的政治生活乃至各项事业的发展带来了无穷的后患。庐山会议不仅开了把党内不同意见的争论与阶级斗争等同起来的恶劣先例，使党内从中央到基层的民主生活遭到严重损害，而且还肯定这类阶级斗争将会延续 10 年、20 年甚至半个世纪。因此，会议特别强调“共产党的哲学就是斗争哲学”，全党现在必须作战，从思想、政治、经济三个方面打败反党反马克思主义的思潮。为此，庐山会议错误地提出了同所谓党内“资产阶级民主派”、“党的同路人”作坚决斗争的口号。这一系列错误的影响极为严重和深远，后来的“文化大革命”以及“文化大革命”中提出的“民主派等于走资派”“党内有一个资产阶级”“揪党内一小撮”等谬论，都与它一脉相承。

庐山会议的另一重大影响，是破坏了党内民主，助长了个人专断、个人崇拜现象的发展。从延安整风直到解放初期，中共党内的政治生活是比较生动活泼的，有着民主、团结的优良传统。庐山会议在这方面却是个大倒退。它用政治批判、政治运动和个人决断的方法压制不同意见，造成党内关系紧张、民主空气薄弱。从中央到地方直到基层，有大批体察民情、注重实际、坚持实事求是的同志，因为对“左”的做法持有异议或保留意见，并按组织原则向党的领导人反映情况和提出批评而被列为批判重点或被划为“右倾机会主义分子”、“反党分子”，受到政治上的打击和组织上的处分。在党内生活中敢讲真话、敢于直谏者日益减少，许多地方言路堵塞、“鸦雀无声”。与此同时，对毛泽东的个人迷信、个人崇拜进一步升级，加快了“一言堂”和家长制等不民主作风的泛滥。这种情况后来给中央在决策上和实际工作中造成了许多更为严重的失误。

八届八中全会以后，全党、全军、全国开展了历时半年左右的“反右倾运动”。随后，“反右倾运动”在党政系统进一步展开，到 1961 年，许多干部和群众受到批判、处分和其他处理。据 1962 年进行甄别平反时的统计，几年中被作为重点批判对象或被划为右倾机会主义分子的党员干部，就有 365 万人。按全国人口平均，每 200 人中就有 1 人；如果考虑到农村人口占绝大部分，按城市人口平均，则每 50 人中就有 1 人。

1959 年的“反右倾”斗争，在政治上、思想上、理论上、组织上都造成了严重的后果。“反右倾”斗争伤害了党内一大批比较实事求是、敢于讲真话的同志。这次斗争的锋芒，主要指向所谓攻击“三面红旗”的各级领导干部，相当一部分体察民情、注重实际的同志，被列为批判的重点或被划为“右倾机会主义分子”，受到了政治上的打击和组织上的处分。

经过“反右倾”斗争，造成了长期的、普遍的思想混乱。本来，在“大跃进”中形成的“左”倾政策和“左”的思想，在纠正“五风”错误的过程中，已开始受到了人们的怀疑和批评，但随着“反右倾”斗争的开展，又恢复、滋长、蔓延起来，甚至把许多“左”倾观点当作“创造性的马克思主义”而大肆宣扬。在大批判、大辩论中，许多错误观点经过引经据典、系统提高，涂上了一层“理论”色彩，使其影响、流毒越来越广。例如，阶级斗争转向党内；以对“三面红旗”的态度作为判断是非、划分敌我的绝对标准。“左”是方法问题，右是立场问题。在整个社会主义时期，主要危险是右倾，指导思想上必须不断反右，不能反“左”。提倡“正确的个人崇拜”；迷信群众运动。否定综合平衡，否定经济核算，否定物质利益原则，不顾客观经济规律，不顾国情、国力，凭主观意愿蛮干。

这些“左”的论点和做法，在“反右倾”斗争中被当作是对马克思主义理论和社会主义建设的“新贡献”，反复地加以宣扬，长期得不到澄清。“反右倾”继1958年“大跃进”之后，使我国整个经济生活重新陷入更加严重的困境。在“反右倾、鼓干劲”的口号下，各地纠正实际工作中错误的进程完全中断，经济工作中“左”倾冒险主义更加发展起来，造成了国民经济更加严重的失调。

二、中苏关系恶化

◎“斯大林问题”

◎赫鲁晓夫“耿耿于怀”

◎1960 年刘少奇访问苏联，仍然受到隆重接待

◎苏共二十二大上，周恩来反对“把兄弟党、兄弟国家之间的争执公开暴露在敌人面前”

1962 年初，中国的国际环境同样十分严峻。

第二次世界大战以后，形成了资本主义和社会主义两大阵营对峙的局面，一方是以美国为首的西方资本主义国家；一方是以苏联为首的社会主义阵营。从第二次世界大战后到 20 世纪 60 年代初，社会主义阵营蓬勃发展，蒸蒸日上，显示了无比的生机和活力，展示了美好的前景。中国是社会主义阵营中的重要成员。新中国成立后，中国共产党确立了“一边倒”的外交战略，背靠社会主义阵营，与以美国为首的西方资本主义阵营进行了坚决的军事和外交斗争。在中美关系处于严重对抗的形势下，从 20 世纪 50 年代中期开始，中苏关系出现了恶化的潜流。到 1961 年底，中苏关系几经波折，恶化的趋势已经不可避免。中国和苏联这两个社会主义大国，由最亲密的同志和盟友，终于演变成互相矛盾、势不两立的对头。中苏两党关系紧张，两国关系也不断恶化。这一变化深深地影响了中国国内政策乃至相当长时期的发展方向。中苏何以反目成仇？

冰冻三尺，非一日之寒。中苏关系在两国建交初期，特别是在毛泽东1949年12月至1950年2月访问苏联时，就已经出现早期的争执，但中苏关系的明显变化是从1956年否定斯大林开始的。毛泽东认为：批评斯大林有两重性，好处是破除了迷信，解放了人的思想，但方法不对，没有分析，一棍子打死。斯大林的功过还是应当“三七开”，这也是当时中共中央的集体见解。中共中央和毛泽东在斯大林问题上，既有基本一贯的立场，前后又是有所变化的。这表现在1956年4月的《关于无产阶级专政的历史经验》（后简称为《一论》）和年底《再论无产阶级专政的历史经验》（后简称《再论》）两篇文章中，《一论》批判了斯大林个人崇拜的错误，分析了产生的个人原因和社会历史条件，肯定“苏联共产党二十次代表大会开展的反对个人崇拜的斗争，正是苏联共产党人和苏联人民在前进道路上扫清思想障碍物的一个伟大的、勇敢的斗争”。《再论》则不再谈个人崇拜问题，只讲斯大林个人专断，并强调：“由于最近时期东欧形势以及其他有关情况的发展，正确地认识和正确地对待斯大林错误的问题，已经成为影响许多国家共产党内部发展和各国共产党相互团结的重大问题，已经成为影响全世界共产主义队伍反对帝国主义的共同斗争的重大问题。”这一变化，正如康生于1957年3月在内部讲话中特意指出的：“《一论》和《再论》是基本相同的，但有一点不同，《一论》中有反对个人崇拜问题，《再论》中再也没有这个名词了。”毛泽东和中共中央的态度，对赫鲁晓夫产生了明显的牵制作用。

在内外压力下，赫鲁晓夫不得不在一些事情上主动与中国共产党商量。在处理波匈事件过程中，赫鲁晓夫和苏共中央不得不在许多关键问题上征求中国共产党的意见，中国共产党的政策主张也确实在波匈事件发展进程中起了关键的作用。1957年1月中国党政代表团访问苏联时，周恩来曾当面批评了苏联党的大国沙文主义做法。赫鲁晓夫对此非常恼火，后来长时间对这次会谈耿耿于怀。

苏共二十大后，经过波匈事件的风浪和赫鲁晓夫解决苏共党内的矛盾等，中共与苏共领导人之间虽然也有某些不同意见和分歧，但总的来说，还是互相支持帮助的，特别是毛泽东和中共中央，在赫鲁晓夫和苏共中央有困难的时刻，给予了苏方比较有力的支持。因此，两党、两国和两国人民之间的友谊有了新的增进，中国共产党的影响增强了，地位提高了。

1957年11月，各国共产党和工人党齐集莫斯科，庆祝十月革命胜利40周年，并商讨有关国际共运的重大问题。以毛泽东为首的中国共产党代表团受到与会各国党的尊重，毛泽东意气风发，中国共产党一时众望所归，引起了苏共和赫鲁晓夫的猜忌。

1958年4月，苏联国防部部长马利诺夫斯基致函中国国防部长彭德怀，提出在中国建立用于潜艇舰队海上通信联络的长波电台。因此举涉及中国主权问题，中共中央坚决不同意。7月，苏驻华大使尤金在答复中国关于希望苏联提供原子能潜艇的问题时，又提出了要组建中苏共同舰队的意见。毛泽东当场拒绝了这一无理要求。这是中苏关系转折的开始。后来毛泽东回顾历史时说：事实上同苏联闹翻是1958年，他们要在军事上控制中国，我们不干。

中国虽然在国际共运阵营内部力量阶段性有所上升，但放眼世界，毕竟与美苏不在一个实力台阶上。随着苏联经济、军事实力的迅速膨胀，赫鲁晓夫调整了对美战略，在与美国斗争的过程中，也谋求与美国达成某种共同主宰世界的谅解。但是赫鲁晓夫感到，中共是他谋求与美国合作主宰世界的掣肘因素。

赫鲁晓夫主动出击了。1959 年 6 月 20 日，苏共中央致函中共中央，单方面撕毁了 1957 年 10 月签订的国防新技术协定。接着，在中印边界冲突问题上，苏联为了自身南亚战略的需要，不顾事实真相与是非，由塔斯社于 9 月 9 日发表关于中印边境事件的声明，对中印冲突“表示遗憾”，从而把中苏分歧公之于世。1959 年 9 月赫鲁晓夫赴美，同艾森豪威尔先在华盛顿后在戴维营会谈。随后他又带着美苏交易的需要和让中国共产党服从其战略的要求，于 9 月 30 日来到北京，出席中华人民共和国国庆 10 周年招待会，并同中国领导人会谈。在 9 月 30 日的国庆宴会上，赫鲁晓夫即席讲话达 40 分钟，宣传美苏会谈的“戴维营精神”，努力表现出愿意改变对西方的战略方针、缓和东西方关系的姿态，要求中国不要“用武力去试试资本主义制度的稳固性”。在中国方面看来，这实际是要搞苏美合作，以达到主宰世界的目的。在随后的会谈中，双方在中印边界问题、释放美国被俘飞行员等一系列问题上进行了激烈的斗争。[①] 赫鲁晓夫后来在海参崴继续抨击中国像“公鸡好斗

① 从进：《曲折发展的岁月》，河南人民出版社 1996 年版，第 350～354 页。

那样热衷于战争”。回到莫斯科后，他又在最高苏维埃会议上说，中国在台湾海峡问题上是“不战不和的托洛茨基”。

1960 年开始，中苏分歧逐步浮出表面。如果说，从 1956 年到 1957 年，中苏分歧主要是在反对个人崇拜与和平过渡这两个问题上的话，1958 年就出现了对中国控制与中国反控制的斗争。到了 1960 年初，分歧扩展到了国际共运理论与战略策略上，增强了理论斗争的色彩。

1960 年 2 月初，华沙条约国政治协商会议上中国拒绝签署最后的文件，中国代表康生发表声明：由于美国在国际关系中一直对我国采取排斥的态度，因此，“没有中华人民共和国的正式参加和它的代表的签字，有关裁军的国际协议和其他一切国际协议，当然都不能对中国具有任何约束力”。对这一声明的发表，赫鲁晓夫恼火，西方震惊。

1960 年 4 月，中共连续发表文章，以列宁的论断和 1957 年莫斯科宣言的论点为根据，以帝国主义本性是否改变、马列主义学说是否过时、现在究竟是什么时代、战争与和平、和平共处等问题为内容，批判所谓“南斯拉夫修正主义”，同时也批评“并不是修正主义者”、但面对着某些历史的新现象“感到迷惑”的“好心善意的人”。说：“在我们彻底驳斥现代修正主义者的谬论的同时，也应当帮助这些好心的人改正自己的不正确的想法。”

苏联方面釜底抽薪。1960 年 7 月 16 日，苏联政府照会中国政府，片面决定自 7 月 28 日至 9 月 1 日，撤走全部在中国的苏联专家 1390 名，并终止派遣专家 900 名。直到这时候，拳头说了算的道理才占了上风。在严重的国内困难的压迫下，中国被迫缓和斗争，暂时谋求与苏共妥协。

1960 年 11 月上旬至 12 月 1 日，81 国共产党、工人党代表会议在莫斯科举行。会上，中苏对有关国际共运的一系列重大问题仍然存在重大分歧，双方进行了尖锐激烈的谈判，最终达成了妥协，通过了《莫斯科声明》。会议结束时，中国代表团团长刘少奇于 12 月 1 日在会上发表了讲话，表示希望今后进一步加强团结，消除分歧，停止攻击，反对共同敌人，发展共同事业；中苏两党、两国之间，团结具有特别重大的意义，中共要永远与苏共一起为之付出一切努力；在马列主义、无产阶级国际主义旗帜下，依靠社会主义阵营的团结，各国共产党的团结和世界人民的团结，一定能取得新的伟大胜利。

会议的召开和《声明》的一致通过，使自 1959 年 10 月起激化了 11 个月的中苏两党的矛盾缓和了下来，出现了改善关系的转机。从会议结束之日起，刘少奇以国家主席的身份应邀访问苏联。在苏方安排下，访问了莫斯科、列宁格勒、明斯克等城市，刘少奇回到莫斯科，在为欢迎他而举行的盛大群众大会上作了题为《团结就是生命，团结就是力量，团结就是胜利》的讲话。这是一次充满感情和个性的讲话。他在讲话中深情地回忆起 20 年代他在苏联学习和生活的情况，表达了对苏联人民深挚的友情。据当时担任翻译的李越然回忆，刘少奇的讲话先后被数十次热烈的掌声打断。刘少奇同赫鲁晓夫话别时，都表示愿意采取实际措施改善中苏关系。苏联也表示愿对中国的援助作重新调整。勃列日涅夫和科兹洛夫还接受了刘少奇的访华邀请；刘少奇交代刘晓大使，要促使他们二人访华能早日实现。

刘少奇的缓和中苏关系的做法，显然得到了毛泽东以及中共中央其他领导人的支持。刘少奇回国后，毛泽东专程到机场欢迎刘少奇，并亲自为刘少奇打开车门。这种礼遇是不多见的。日益加重的国内困难，使得中国领导人不得不暂时在对苏关系方面收起“三面红旗”，谋求与苏共妥协。

1961 年 2 月 27 日，赫鲁晓夫致函毛泽东，表示愿意在 1961 年 8 月底以前，以借用的方式向中国提供 100 万吨谷物和 50 万吨古巴糖，缓解中国的经济困难。

糖是甜的，但中国人含在口里，却品出了难咽的苦味。

中苏之间的积怨和不信任已然根深蒂固。不久，中苏关系重新紧张。

1961 年 10 月 17～31 日，苏共召开二十二大。会议提出了 20 年基本建成共产主义的纲领，提出了“全民国家”、“全民党”的论点，进一步大反斯大林（包括空前激烈的谴责，通过决议将斯大林遗体迁出列宁－斯大林陵墓等），重新猛烈攻击马林科夫、卡冈诺维奇、莫洛托夫“反党集团”（因为莫洛托夫致函二十二大，指责即将通过的苏共新纲领草案的精神实质是“反对革命的”，含有“实用主义、和平主义甚至修正主义的观点”，所以集中攻击了莫洛托夫），并首次公开批判伏罗希洛夫元帅是“反党集团成员”。对于这些，中国共产党是有看法的。特别是在大会上攻击了与中国共产党关系密切的阿尔巴尼亚劳动党，公开号召推翻阿党第一书记霍查和另一领导人谢胡的领导；还含沙射影地反华，在国际共产主义运动史上开创了利用一个党的代表大会攻击另一个党的先例。

尽管困难，中国共产党也必须要表明自己的立场态度，维护阿尔巴尼亚，承受了会议上的巨大压力。为表示中国的抗议立场，周恩来提前回国。

苏共二十二大以后，苏联于 12 月断绝了同阿尔巴尼亚的外交关系，中国共产党则发表了阿尔巴尼亚党反击苏联的材料。苏共中央指责中国共产党对阿党材料的发表，中苏关系又严重恶化起来。这样，以美国为首的西方国家长期与中国为敌，以苏联为首的社会主义阵营内的大多数国家又与中国反目成仇。

三、进一步纠“左”的努力

◎“调整、巩固、充实、提高”八字方针的提出

◎全党大兴调查研究之风

◎毛泽东说：过去的错误，主要是中央和我负责，我负主要责任

◎一些人仍然认为“三面红旗”本身并没有错

◎1962 年是虎年，这只虎已经饿得很瘦了

面对国内外因素导致的严重困难，中国人民在饥馑的煎熬中默默忍受着，各级党的干部也在深刻地思索着……一些人开始探索纠正工作失误的途径。从 1960 年冬开始，中共中央和

毛泽东不得不从严峻的现实出发，纠正“左”倾错误。

倡导经济调整，走在前面的，是周恩来。1960 年 9 月底，中共中央批准了经周恩来审定的国家计委党组《关于 1961 年国民经济计划控制数字的报告》。报告首次提出对国民经济实行“调整、巩固、充实、提高”的八字方针。报告指出：要把农业放在首要地位，使各项生产、建设事业在发展中得到调整、巩固、充实和提高。

毛泽东看法有所不同。1961 年 1 月 3 日第四次汇报会上，当李富春说 1961 年的方针是“调整、巩固、充实、提高”时，毛泽东说：这个方针是什么意思？你这个意思就是休整的意思，和部队在两个战役之间有休整一样。他还说：今年可能是就地踏步，休养生息。意思是，今年休整一下，暂时休息休息，这不妨碍休整以后再继续搞“大跃进”。毛泽东的这种看法，反映了党内很大一部分同志的意见。由于从毛泽东到党内的很大一部分同志对实施“调整、巩固、充实、提高”的八字方针的重要性认识不足，也就必然使得这个方针在一个相当长的时期内落不到实处。

毛泽东有不同的看法，但又找不到解决问题的出路。1960 年 12 月 24 日至 1961 年 1 月 13 日，毛泽东主持了中共中央在北京召开的工作会议，这是一次为党的八届九中全会做准备的会议。会议的最后一天，毛泽东作了一个号召全党“大兴调查研究之风”的报告。倡导调查研究之风。毛泽东还讲到具体的调查方法：调查就要用眼睛看，要用口问，要用手写，要谈话。谈话的时候还要会谈，不然他还欺骗你。要看情况，究竟你那个粮食在什么地方，究竟是增产还是减产，要看这个人的面色，群众究竟是面黄肌瘦，还是粮食相当够，还是很够，这是看得出来的。[1]

为了切实解决农业经济问题，调整农村生产关系，毛泽东带头身体力行，组织了三个调查组，分赴农村进行调查研究。刘少奇在湖南长沙、湘潭、宁乡等县的农村做了 44 天的调查。周恩来于 4 月下旬至 5 月中旬在河北省邯郸专区农村调查。朱德在四川进行了农村食堂调查。1 月到 5 月上旬，邓小平和彭真直接领导 5 个调查小组，到北京的顺义和怀柔县搞调查。6 月下旬至 7 月上旬，陈云在上海青浦县小蒸人民公社就养猪问题、作物品种问题、自留地问题进行了农村调查。刘少奇、周恩来、朱德、邓小平、陈云的农村调查，为解决农村食堂问题、供给制问题做了准备，进一步完善了《农村人民公社工作条例（草案）》（又称《人民公社六十条》）。

毛泽东倡导全党大兴调查研究之风，以及中共中央负责人所做的农村调查，推动了全党各级领导干部深入实际，在很大程度上纠正了农村人民公社化工作中出现的错误，初步调整了农村经济关系，对于克服农业经济中的困难起了重要作用。

在纠正错误的过程中，1961 年五六月间的北京中央工作会议起了重要作用。这次会议做出了一些重要的调整决定（如取消农村公共食堂和供给制），并在端正党的思想路线和改善

① 《毛泽东文选》第八卷，人民出版社 1999 年版，第 233～237 页。

党的民主生活方面迈出了可喜的一步。

经过 1961 年的努力，纠“左”工作取得了一定的进展，但整个经济形势仍没有摆脱困境。毛泽东在一定程度上承认了“大跃进”过程中的一些困难局面，但认为是执行中的问题，“三面红旗”本身并没有错。一些干部对整个经济形势还没有实事求是的认识。他们曾经在战争和解放初期经历过各式各样的运动，天真地希望经济建设也可以经过大规模的群众运动一蹴而就。当然也有少数干部不愿意否定自己曾经主持实施过的各种事业、工程，从全局上否定了“大跃进”也就在事实上否定了他们自己一个时期以来的“政绩”。有些人还在等着有机会时再大上新项目；也有一些人虽然认为需要调整，但是怕被说成是否定“三面红旗”，因而不敢大胆进行调整；还有人怕政策多变，今天干了，明天又挨批，因而对“八字方针”采取观望态度。也有一部分干部和党员在严重的经济困难面前信心不足，不知该怎么办，并有严重的埋怨情绪。因此，农业和工业产量继续下降，市场供应继续紧张，人民吃、穿、用继续出现短缺和不足。人心不稳，思想复杂，目标不明。广大干部和党员对国内经济形势担忧，迫切希望党中央总结经验，提出办法，统一全党的思想和行动，克服困难，改变被动的局面。

1962 年是虎年。中国老百姓心里都清楚：这只虎已经饿得精瘦了。

第二章

调 整

一、七千人大会

◎核心小组会议上的一次争论

◎刘少奇在会上发言：《农业发展纲要四十条》没有经过调查研究，可以修改

◎邓小平认为：基数越大，上去越困难，美国每年只能2%就了不起啦

◎林彪带病到会发言，说：毛主席的思想总是正确的

◎毛泽东发表讲话：我建议让大家“出气”，不“出气”，统一不起来

◎周恩来指出：“我们要提倡说真话”

◎七千人大会没有解决的问题

1962年初的北京，寒风凛冽。

饥寒困顿的牛年即将过去，中国人在困苦中忧郁地等待着虎年春节的到来。夜幕下的天安门广场人影稀疏，但西侧的人民大会堂却灯火通明，一个有七千多干部参加的中国共产党的重要会议正在这里召开。这就是在历史上产生了重要影响的七千人大会。

为了使全党认清形势，坚决全面深入地进行国民经济调整和党外政治关系调整，中共中央于1961年12月21日召开了中央工作会议。毛泽东根据近几年的经验认为，这种一般规模和开法的工作会议，尚不足以最有成效地把中央的精神和要求

全面地贯彻到县一级，达到统一全党思想与行动的目的，于是决定召开一次扩大的中央工作会议。

扩大的中央工作会议于 1962 年 1 月 11 日至 2 月 7 日在北京举行，参加会议的有各中央局、中央各部门、省、市、地、县、重要厂矿的负责干部，解放军的一些负责干部，共七千余人，因此习惯上又称七千人大会。这是中国共产党历史上一次空前的盛会。会议的目的，主要是总结经验，统一认识，加强团结，加强纪律，加强民主集中制，加强集中统一，鼓足干劲，做好工作，战胜困难。

会议于 1 月 11 日开幕，原定只开 18 天，按中央机关和 6 个大区分组活动，讨论刘少奇代表中央向大会提出的书面报告（草稿）。后因书面报告稿的讨论、修改时间延长，且增加了发扬民主、开“出气会”的内容，会议到 2 月 7 日才闭幕，共开了 28 天。

会议的第一阶段，从 1 月 11 日到 29 日上午，主要是分组讨论、修改刘少奇代表党中央向大会作的书面报告（第一稿、第二稿）和他在大会上的讲话。书面报告第一稿写出后，政治局还没有讨论，毛泽东提议直接印发大会，以便更好地集思广益，这是会议的特色。稿子发下去以后，果然议论纷纷，并提出一些意见和建议。

为了做好这次大会的总结报告，中央专门组织了报告起草委员会，由中共中央副主席刘少奇牵头，结合各地代表提出的意见，对报告进行修改。报告起草委员会共 21 人参加，除刘少奇外，周恩来、邓小平、陈云、彭真、薄一波、李先念及各大区书记都是正式成员，可谓“群贤毕至”。或许是整个大会的热烈气氛引发了人们对问题作进一步的思考，起草委员会的会议也变得不平静起来。

1 月 17 日，委员会举行第一次会议，对书面报告初稿进行修改。华东局书记柯庆施首先就“大跃进”的争论问题提出：《农业发展纲要四十条》还要不要？15 年赶上英国还要不要？指标还要不要？干劲还要不要？用什么方法鼓干劲？他认为，《农业发展纲要四十条》，除了几个地区以外，还是可以的。粮食总产量 6000 亿斤不行，5000 亿斤总还是可以的。他认为，华东区到 1967 年可完成 4000 亿斤粮的指标，否则就越看越没有劲。

1 月 18 日，彭真发言。他说：会议和原来的设想不同了，实际上是要总结经验。1960 年在杭州提出“瓜菜代”，但对 1959 年的灾情估计不足，对城市人口增加估计不足，农业养不活这么多城市人口。农业上也有浮夸。1960 年提出“八字方针”是句空话……没有措施，指标下不来，调整不了……真正调整是去年庐山会议提出以调整为中心，迟了一年。讲到这里，刘少奇插话说，关键是 1959 年庐山会议。就在不久前，刘少奇在 1961 年 12 月工作会议上说过：庐山会议是个关键，那个时候搞调整就好了。庐山会议前半段是搞调整的，庐山会议的下半段否定了上半段。

彭真接着说：我们的错误首先是中央书记处负责。包括不包括主席、少奇和中央常委同志？该包括就包括，有多少错误就是多少错误，毛主席也不是什么错误都没有。三五年过渡、食堂都是毛主席提的。邓小平在此插话说：我们到主席那儿去，主席说，你们的报告（指中央书记处 1961 年 12 月 16 日写给主席和常委的报告）把我说成圣人，圣人是没有的，缺点错误人人都有，只是占多少的问题，不要怕说我的缺点，革命不是陈独秀、王明搞成的，是我和大家搞成的。

在 1 月 19 日举行的会议上，周恩来率先发言。他指出，我们是一步一步地退，是被迫调整。另外，许多超阶段的东西没有批判，也不能很好地调整。一个国家搞几个独立的工业体系，理论上站不住。他坦率地说，指标、下放、独立体系我要负责，现在要批判。紧接着是陈伯达发言，他将问题转到前一天彭真的发言上，他说，彭真同志昨天关于毛主席的话，值得研究。我们做了许多乱七八糟的事情，是不是要毛主席负责？是不是要检查毛主席的工作？他提出，现在的根本问题是中央不能集权。陈伯达的批评触及了一个十分敏感的政治问题，在这个问题上的立场实际决定着一个人的政治命运。彭真马上起而答辩：我的意思是不要给人一种印象，别人都可以批评，就是毛主席不能批评，这不好。

21 日，报告起草委员会继续开会，刘少奇首先发言。他认为，《农业发展纲要四十条》没有经过调查研究，可以修改。薄一波接着说，“跃进”的提法，不要随便提，正常情况不能跃进，只有在各种条件凑在一起时才能跃进，工业农业都是如此。邓小平认为，基数越大，上去越困难，美国每年只能 2%，苏联 12%就了不起啦，技术革命发生大变化才能跃进。彭真再次发言，认为总路线还好解释，“大跃进”不好解释。刘少奇最后提出：还是要提“跃进”，“三面红旗”少一面不好。但对“大跃进”要有新的解释，要从历史时期看。

至刘少奇的发言为止，大家对问题的提法大致取得了共识。作为决策集体，人们意识到有必要以一种客观的、普遍能接受的结论统一全党的思想。但是，这一结论应当建立在实事求是甚至深刻的批评与自我批评的基础上，因为毕竟1958年以来的教训太深刻也太沉重了，彭真所说的不应文过饰非，其重要性也正在这里。起草委员会内的一番争论，特别是各小组讨论中提出的尖锐意见，使党的领袖们认识更加明确起来，这就是错误一定要讲透，教训务必讲够，否则总结经验便流于形式，改正错误就没有保证。

1月25日，刘少奇主持召开中央政治局扩大会议，参加的有省、市、自治区党委第一书记和中央各部委主要负责同志。刘少奇对书面报告的修改情况做了说明。会议基本上通过这个报告，同意提交大会进一步讨论、修改。

1月27日，毛泽东主持召开全体大会，把印好的书面报告第二稿发给大家。同时刘少奇在大会上脱离现成的书面报告，对书面报告做了说明。书面报告与刘少奇在七千人大会上对报告所作的说明不尽一致。

书面报告对1958年以来工作的成就，列举了12点。这些内容在事后看，评价过高，肯定了一些不该肯定的东西。书面报告指出了几年来工作中的缺点错误：

第一，工农业生产的计划指标过高，基本建设的战线过长，使国民经济各部门的比例关系，消费和积累的比例关系，发生了严重不协调的现象。在一段时间内，农业上犯过高估产、高征购的错误……

第二，在农村人民公社的实际工作中，许多地区，在一个时期内，曾经混淆集体所有制和全民所有制的界线，曾经对集体所有制的内部关系进行不适当的、过多过急的变动，这样，就违反了按劳分配和等价交换的原则，犯了刮“共产风”和其他平均主义的错误。在手工业和商业方面，也犯了急于把集体所有制改变为全民所有制的错误。

第三，不适当地要在全国范围内建立许多完整的工业体系，权力下放过多，分散主义的倾向有了严重的滋长……

第四，对农业增产的速度估计过高，对建设事业的发展要求过急，因而使城市人口不适当地大量增加，造成了城乡人口的比例同当前农业生产水平极不适应的状况，加重了城市供应的困难，也加重了农业生产的困难……①

书面报告指出：缺点错误产生的原因，“一方面，是由于我们在建设工作中的经验还很不够。另一方面，是由于几年来党内不少领导同志不能谦虚谨慎，违反了党的实事求是和群众路线的传统作风”。书面报告肯定：总路线、大跃进、人民公社这“三面红旗”的基本方向和主要原则是正确的。我们工作

① 《建国以来重要文献选编》第15册，中央文献出版社1997年版，第14～15页。

中的缺点和错误的性质，不是路线性质的错误，而是具体执行中的问题。这几年，“成绩是伟大的，缺点和错误是第二位的，而决不是相反”。书面报告表示：对于这几年来工作中的缺点和错误，“首先要负责的是中央”，“当然也包括中央各部门和国务院及其所属各部门”；“其次要负责的是省一级领导机关”。

按照会议的议程，在书面报告之外，再由刘少奇作一个“说明报告”，即对书面报告的主要内容作说明。1 月 27 日，刘少奇在大会上作“说明报告”时，对书面报告作了许多引申和发挥，对一些问题讲得更为透彻。刘少奇的说明引发了部分与会者的共鸣。

刘少奇是怎样说的呢?

第一，对经济形势的判断问题。他说：关于目前的国内形势，实事求是地说，我们在经济方面是有相当大的困难的。我们应该承认这一点。当前的困难表现在：人民吃的粮食不够，副食品不够，肉、油等东西不够；穿的也不够，布太少了；用的也不那么够。就是说，人民的吃、穿、用都不足。刘少奇指出：两三年以前，我们原来以为，在农业和工业方面，这几年都会有大跃进。在过去几年中，的确有一段时间是大跃进的。可是，现在不仅没有进，反而退了许多，出现了一个大的马鞍形。这种情况是不是应该承认呢?我想，要实事求是，应该承认事实就是这样。

第二，造成困难的原因。经济困难是个客观存在，这是人们公认的。那么，是什么原因造成经济困难的呢?书面报告中说，主要是天灾造成的。而刘少奇在“报告说明”中则实事求是地说：经济困难的原因，一方面是由于自然灾害，另一方面在很大程度上是由于工作中的错误，有的地方是“三分天灾，七分人祸”。刘少奇的这个说法，打破了书面报告的框子。刘少奇这样讲，实际上直接批评了一些人推卸责任、文过饰非的问题，遭到一些人的埋怨和不满。

毛泽东有一个形象的比喻：成绩和错误是一个指头和九个指头的关系。毛泽东这个说法，并不是说“一九开”，而是笼统地表示成绩是主要的，错误是难免的，并且也是不很严重的。而刘少奇则对这个笼统的比喻提出异议：“过去我们经常把缺点、错误和成绩，比之于一个指头和九个指头的关系，现在恐怕不能到处这样套。”“从全国讲，恐怕是三个指头和七个指头的关系”，“有些地区，缺点和错误不只是三个指头。如果这些地方的缺点和错误只是三个指头，成绩还有七个指头，这是不符合实际情况的，也是不能说服人的”。

第三，谁应当对造成的困难局面负责任？刘少奇说：关于我们这几年工作中发生的缺点和错误的责任，我们在书面报告中讲过，首先要负责任的是中央，其次要负责任的是省、市、自治区一级党委，再其次才是省以下的各级党委。所谓中央负责，包括中央各部门，包括国务院和国务院所属的各部门（毛泽东：包括中央一些不恰当的东西），包括中央本身发出的一些不恰当的指示、文件和口号。

第四，如果说，造成困难的原因主要是工作出了错误，而错误又非常严重，那么，问题最终就归结为，工作中的这些错误是怎么发生的？是总路线、“大跃进”和人民公社这“三面红旗”错了？还是在执行“三面红旗”的时候，人们的具体措施和方法错了？书面报告讲到这个问题时，认为“三面红旗”作为基本方向和主要原则是正确的，工作中的错误的性质，不是路线性质的错误，而是具体执行中的错误。刘少奇在“说明报告”中一方面指出：“我们这几年所犯的错误的性质，不是路线性质的错误，而是在执行总路线的时候，发生了片面性。比如只注意多快，对于好省注意不够，或者没有注意；只注意数量，对于品种、质量注意不够。多快好省本来是对的，但我们没有全部照着做，没有做好”，从而在一定程度上肯定了“三面红旗”。在说明报告的另外一处，刘少奇则说：“三面红旗，我们现在都不取消，都继续保持，继续为三面红旗而奋斗。现在，有些问题还看得不那么清楚，但是再经过五年、十年以后，我们再来总结经验，那时候就可以更进一步地作出结论。”这样，他就给“三面红旗”究竟正确与否这个重要问题，留下了将来再作讨论的余地，而不是坚定地肯定“三面红旗”。“三面红旗”是毛泽东立起来的，如果怀疑“三面红旗”的正确性，就不可避免地将导致对毛泽东领导的正确性产生怀疑。

第五，刘少奇建议把过去的一些“左”的口号清理一下，清除其中一些有问题的口号。他举例说：有一个口号叫作“人有多大胆，地有多大产”。这是《人民日报》用大字标题发表了的，各省的报纸也发表了，因此对许多地方有影响。这个口号是错误的，应该取消，要向干部、党员和群众说明白。他指出，有一个时期，《人民日报》曾经反对重视客观条件的观点，把这种观点叫作“条件论”，或者叫作“唯条件论”。这也是不正确的。刘少奇特别批评了“左”比右好的说法。他指出：有的同志说，犯“左”倾错误是方法问题，犯右倾错误是立场问题。我看这种说法也是不正确的，是错误的。右不比“左”好，“左”也不比右好。这里所说的“左”，是引号里面的左。“左”有方法问题，也有立场问题；右有立场问题，也有方法问题。我们是左派，是革命派，但不是引号里面的左派。我劝告同志们，不要做那个引号里面的左派，要做实事求是的、理论联系实际的、密切联系群众的、实行批评和自我批评的真正的左派。只有这样的左派，才会经常是朝气蓬勃的、真有干劲的左派。不要做那种脱离实际的、脱离群众的、冒里冒失的、不管三七二十一就去蛮干的那种加引号的左派。那种“左”派不会有真正的经常的干劲，他会由一时的狂热突然转入消沉。那种“左”派不但不值得敬仰，而且应该受到批判。这种人就其所犯错误的后果来说，和右派差不多，不见得比右派好一点。有些人在犯了极“左”的错误以后，转过来又犯极右的错误。所以，那种“左”派和右派常常是相通的。我们在党内的具体斗争中，应该有什么反什么。有什么反什么，就是有“左”就反“左”，有右就反右。既没有“左”，也没有右，就什么也不要反。这就是说，我们要实事求是地进行党内斗争。

刘少奇对书面报告所作的说明，关键之处在于，它为“三面红旗”这条道路是否行得通这个问题画了一个意味深长的问号。刘少奇在说明中提出这样几个不同于书面报告的观点，并不是偶然的。正是这些问题，成为与会者在七千人大会讨论时真正关注的热点。参加会议的许多人对“三面红旗”这条建设道路提出了尖锐的质疑，有的人还作了比较深刻的分析。刘少奇之所以提出这样几个观点，已经不是刘少奇一个人的看法，而是代表了相当多人的意见。刘少奇在“说明报告”中对“人有多大胆，地有多大产”、“‘左’比右好”、以数字定“左”右、一哄而起搞运动等“左”的口号和做法的批评，得到了与会者的普遍赞同，有利于帮助人们打破思想禁锢，正视错误，从而改正错误。

虽然刘少奇的讲话在当时起到了部分地打破一些思想禁锢，正视错误，从而改正错误的作用，但也留下了后来毛泽东认为他“右倾”的根由。1966 年毛泽东批判刘少奇时，就重提 1962 年七千人大会以来的潜在分歧；“文革”初期，江青也曾说：“七千人大会憋了一口气，直到文化大革命才出了这口气。”

刘少奇讲话后，林彪于 1 月 29 日下午作大会发言。林彪发言的主题是军事工作。但在开始部分，他以“党的工作”为题，谈了对“三面红旗”的看法，基调是大事颂扬、肯定。在议论缺点错误时，他提出了“付学费”的说法：我们这几年在物质方面有所减少，这种减少，就像学生们上学付学费一样，学出来以后，作用就很大了。一个小孩子，从上小学起，一直到大学毕业，十七八年的时间，他什么也没有生产出来，相反地，尽吃、尽穿。但是他学了以后，就会起很大的作用。如果没有付出那一点物质和时间，不让他学那么一下，他就不行。

更引人注目的，是林彪的下述说法：在困难的时候，我们更应该加强党的团结。我想，事情千千万万，项目多得很，而最大的、首要的，是党的团结。在困难的时候，我们应该更加依靠、更加相信党的领导，中央的领导，毛主席的领导，这样，我们才更容易克服困难。而且事实证明，这些困难，在某些方面，在某些程度上，恰恰是由于我们没有照着毛主席的指示、毛主席的警告、毛主席的思想去做。如果听毛主席的话，体会毛主席的精神，那么，弯路会少走得多，今天的困难会小得多。我感觉到，我们同志对待许多问题，实际上经常出现三种思想：一种是毛主席的思想，一种是“左”的思想，一种是右的思想。当时和事后都证明，毛主席的思想总是正确的……我个人几十年来体会到，毛主席的最突出的优点是实际。他总比人家实际一些，总是八九不离十的。他总是在实际的周围，围绕着实际，不脱离实际……我深深感觉到，我们的工作搞得好一些的时候，是毛主席的思想能够顺利贯彻的时候，毛主席的思想不受干扰的时候。如果毛主席的意见得不到尊重，或者受到很大干扰的时候，事情就要出毛病。我们党的历史，就是这么一个历史。因此，在困难的时候，我们党更需要团结，更需要跟着毛主席走。[①]

毛泽东亲自圈点批发了林彪这个讲话，认为“是一篇很好、很有分量的文章，看了很高兴”，并问罗瑞卿：“林彪这个讲话你讲得出来吗？”罗答：“讲不出来。”

从 29 日下午开始，会议进入第二阶段，中心就是“出气”。

① 国防大学党史党建政工教研室编：《中共党史教学参考资料》第 24 册，第 21~22 页。

1月30日，毛泽东在大会上作长篇讲话。讲话包括六个问题：（一）这次开会的方法。（二）民主集中制问题。（三）我们应该联合哪一个阶级？压迫哪一个阶级？（四）关于认识客观世界的问题。（五）关于国际共产主义运动。（六）要团结全党和全体人民。

毛泽东在七千人大会上的讲话，集中反映了毛泽东近两年关于社会主义建设问题的思考，表明毛泽东在一定程度上接受了“大跃进”以来的教训。

在会议的第二阶段中，邓小平、周恩来在大会上作重要讲话。

2月6日，邓小平讲了党的问题。指出：最近几年来，主要是1959年和1960年，我们党的领导，党的工作，是有严重缺点的。特别重要的是党的优良传统受到了削弱。首先是，我们不少同志对毛泽东思想学习不够，体会不深，不大注意调查研究，往往实事求是不够。其次，党内斗争发生了一些偏差，在几次运动中，伤害了一部分干部，有的地区伤害了大批干部。由于没有贯彻实行民主集中制、党内过火斗争等种种原因，在党内滋长了一种不如实反映情况，不讲老实话、怕讲老实话的坏风气。现在，我们必须把我们党的优良传统恢复起来，发扬起来。

他指出：“在几次运动中，确实发生了一些偏差，伤害了一大批党内外干部。”“由于这些偏差的影响，我们党的许多好的传统受到了削弱。”邓小平在讲话中提出：部分错了的，部分平反；完全错了的，要完全平反。平反工作不搞运动，要指定专门机关、专门人搞，最好是谁搞错的由谁来平反。邓小平的讲话顾全大局，既对毛泽东同志为首的党中央的领导进行了充分的肯定和维护，又实事求是地指出了党内生活中存在的缺点和失误。

2月3日，周恩来在福建小组会上发表讲话。他集中地谈了一个问题，就是“说真话，鼓真劲，做实事，收实效”。他说：

> 说真话，鼓真劲，做实事，收实效。这四句话归纳起来就是：实事求是。实事求是是一句成语，毛泽东同志作了新的解释，它代表了毛泽东同志的一个根本思想。这四个字，话虽简单，却包含着丰富的内容。如何做到实事求是？首先要通过认真的调查研究。要调查研究得好确实是不容易的，因为现在已经有四年的浮夸风气，不易一下子改变过来……你要了解真实情况，就要与老百姓平等相待。在战争年代，我们与老百姓住在一起，天天见面，不分彼此，和群众的关系很密切。现在就不一样了。比如我参加你们这个会议，一进会场，你们就站起来鼓掌，我就不舒服，但是又不好阻止你们。昨天下午你们没有鼓掌，我心里就很舒畅。因为有了那么一些形式，就显得不那么亲切，不是平起平坐，而是隔了一层。当然这一层不是一道墙，是一张纸。你们也都是老革命了，参加革命都有十几年、二十几年了，为什么还会产生这个隔阂呢？我想就是因为国家大了，“官”大了，和根据地的情况不一样了。

所以你们鼓掌，我心里就不安。现在造成的这种形势，一定要改变，下决心改变。要搞好调查研究，就要真正联系群众。①

周恩来的讲话切中时弊，感人肺腑。

会议期间，朱德于2月3日在山东组全体会议上讲了纠正“左”的偏向，恢复和发展生产的问题。他说：这次会议，畅所欲言，知无不言，言无不尽，上下通了气，我很满意。这几年，党内斗争扩大化了，吃了一些亏，运动中打击面宽了，伤了人。经过这次会议，我看可以把平反的工作搞好，把更多的人团结起来。在群众运动中往往一个偏向来了，掌握不住，越走越被动；“左”的倾向来了，也带群众性，制止不住，要到失败了，吃了亏，才制止。有些人在反右中总觉得高指标都对，不搞高指标就右了，所以风刹不往。反右比较容易，“左”的东西往往看不清，不容易制止。反“左”容易出右，反右容易出“左”。这种情况，作为领导者应当注意。有“左”反“左”，有右反右，有啥反啥，没有就不反。不要一说反右就自上而下地来个普遍化。

陈云作为国务院副总理，在这次七千人的大会上没有讲话。毛泽东曾点名让他发言，他说自己对有些问题还没有看得很清楚，因此没讲。但大会结束的第二天，他在参加七千人大会的陕西省全体干部会议上讲了话，重点讲了党风和党的工作

① 《建国以来重要文献选编》第15册，中央文献出版社1997年版，第139～141页。

方法问题。他指出：这几年，我们党内生活不正常。“逢人只说三分话，未可全抛一片心”，这种现象是非常危险的。陈云讲话坦诚直率，直指党内政治生活的不正常现象，谈锋犀利，所指当然不单单是省、地两级，也包括了中央这一级。

七千人大会在我们党的历史上是一次重要的大会。中共中央第一代领导集体，以勇于自我批评、承担责任、正视困难、分析困难、提出办法、坚决纠正错误的实事求是精神，启发、教育、鼓舞了全体参加会议的党员干部，起到了团结和动员全党，齐心协力战胜严重困难的巨大作用。毛泽东提出的开会方法及其对民主集中制问题的阐述，刘少奇对前几年所犯错误的原因、错误的程度和错误性质的分析，周恩来对今后克服困难办法的设想，邓小平、陈云、朱德关于党内民主集中制问题的讲话，都击中了当时党内生活的要害。周恩来关于克服经济困难问题的讲话，从历史和思想背景上，为经济调整和经济发展提供了基础，指明了方向。会后，为了进一步修改好书面报告，并传达贯彻好会议精神，2 月 8 日，刘少奇主持召开中央工作会议。关于报告的修改，刘少奇提出，把毛主席讲的加强民主集中制的意思加写进去。邓小平讲了会议精神的传达和文件阅读问题。2 月 17 日，改出《报告》第三稿。毛泽东审阅后批复刘少奇：“修改得很好了，即请你处理。”2 月 26 日，第三稿印发到各省、市、自治区。

七千人大会在当时的历史条件下是开得比较成功的，它发扬了民主，进行了批评和自我批评，达到了全党的团结。尽管那时大家还不敢批评“三面红旗”，因而不能把困难的原因说深说透，但这次大会对统一思想，进一步贯彻“八字方针”，扭转国民经济的困难局面仍起了重要作用。

七千人大会中止了冒进，启动了调整进程。会后不久，毛泽东离开北京，到南方视察。因此把国民经济调整工作认真落到实处的艰巨而细致的任务就落在主持中央日常工作的刘少奇以及处于经济领导工作第一线的周恩来、邓小平、陈云等人的肩上。

二、经济领域的调整

◎陈云是计划经济时代党内杰出的经济工作领导人

◎大权在握的中央财经工作小组

◎调整经济要有“毒蛇噬臂，壮士断腕”的决心

◎我们的国家很大，没有一定的粮食储备是很危险的

◎关系全局的三项重大方针

◎刘少奇对精简忧心忡忡：要准备戒严

◎中国经济暂时闯过急流险滩

在七千人大会上，刘少奇代表中央宣布：“最困难的时期已经过去。”真的是这样吗？七千人大会后，财政部门向国务院和中共中央反映，发现 1962 年的财政收支方面的安排有二三十亿元赤字。由于每月的货币回笼量不足以满足每月的必需支出，只有继续增加市场货币投放量，1961 年 12 月底，货币流通量达到 125.3 亿元，比同年 2 月的 117 亿元增加了 8 亿元。

而 1962 年 1 月底，又增加到 135.9 亿元，2 月 8 日达到新的最高点，为 137 亿元。即一个多月，便新投放 12 亿元之多，通货膨胀、物价上涨的趋势仍不能有效地扼制住。财政部门汇报的新情况，加上通货膨胀的压力，使已经疲惫的中央神经中枢被迫重新紧张起来。七千人大会时松下的一口气又被迫憋了回去。刘少奇指出：我们现在处在“类似非常时期”。

2 月 21～23 日，刘少奇召集了中共中央政治局常委扩大会议，专题讨论 1962 年国家预算和整个经济形势问题。因在中南海西楼召开，故又称“西楼会议”。

陈云是“西楼会议”的主角。

陈云是中国共产党内最杰出的经济工作领导人。自 1949 年初从东北调回中央后，一直主持财经工作。政务院成立后，陈云任副总理兼财经委员会主任，具体组织领导了新中国成立初期经济战线上的“三大战役”，迅速稳定了动荡的经济形势，根除了国民党时期留下来的脱缰野马般的通货膨胀，发展了经济，支持了抗美援朝战争，并具体地组织领导了对资本主义工商业的改造、“一五”计划的制定和经济建设工作，做出了卓著的贡献。毛泽东赞赏地说，陈云同志所管的财经工作不是教条主义的，是按照中国情况办事的，有创造性的。

陈云在西楼会议上全面地讲了财政工作上的问题及他对解决这些问题的意见。根据刘少奇的提议，2 月 26 日，陈云又将他的意见看法在国务院各部、委党组成员会议上讲了一次，这就是《目前财政经济的情况和克服困难的若干办法》。在会上，陈云把就一段时间以来对于形势的观察和如何走出困境的思考，作了详细的阐述。在对形势的估计上，陈云首先对1961年底中央工作会议关于“形势已到谷底”的认识，大胆提出了公开的质疑，明确指出了当时经济形势面临的几个困难。

当时面临的最大困难是农业减产，粮食不够吃。陈云对这个问题最重视。他说，我们都是干革命的，搞社会主义的，对于这样关系全国六亿多人民的大事，关系整个社会主义建设的大事，是不能不关心的。

陈云指出，经济形势面临的第二个大困难是，已经摆开的基本建设规模，超过了国家财力物力的可能性，同当时的工农业生产水平不相适应。已经摆开的建设规模，不仅农业负担不了，也超过了工业的基础。基本建设项目就不得不一批一批下马，工厂半成品就不能不大量积压。

陈云指出的第三个严重困难，是钞票发得太多，通货膨胀。陈云认为造成通货膨胀的原因是，一方面支出钞票多；另一方面，农业、轻工业减产，国家掌握的商品少，这两方面不能平衡。因此，必须坚决扭转通货膨胀的趋势，否则将不利于工农业的恢复，不利于市场的稳定，不利于经济建设的开展。

陈云指出的第四个困难是，在物资少、钞票多的情况下，出现了相当严重的投机倒把现象。对于这种情况，陈云说，要把两种人区别开来。一种是农民，他们把自己生产的猪肉、鸡蛋等在自由市场上高价出卖，多得了一些钱；另一种是投机分子，他们一手买进，一手卖出，一转手就捞很多钱。从人数说，前一种人占多数，但后一种投机分子确实也不少。当时一个人工资只有几十元，一辆自行车要650元钱，还有人抢着买。对于投机分子，必须采取有效办法来对付。对于农民持有大量钞票的情况，陈云警告说，农民高价出售农副产品所得到的钞票，如果不想办法换回来，农民手里的钞票越来越多，就有农民不愿意继续向国家出卖农副产品的危险。

第五个困难，是城市人民的生活水平下降。吃的、穿的、用的都不够，物价上涨，实际工资下降很多。这是已经表面化的现象，无可掩饰。

这五个困难，陈云认为，其中一、二两个是基本的，其他三个都是从前两点派生出来的。

在指出当时面临的严重困难以后，陈云也分析了克服困难的几个有利条件。（一）社会主义建设总路线在实践中已经逐步地丰富起来。（二）粮食、家禽、猪的产量在回升，这是肯定无疑的。回升的速度，还要观察一下。至于经济作物的产量是否能很快恢复以至有所发展，现在还难于肯定，因为粮食不够吃，农民还不愿意多种经济作物。（三）克服困难的力量，比以前大了。此前几年扩大了的工业、交通的生产能力，其中许多部分，将会在经济恢复中起作用。（四）只要把存在的困难和克服困难的办法讲清楚，人民在克服困难、恢复经济中，是会同党合作的。当然，不是说一点小乱子都不会出。但是总的来说，人民是会同我们党一道去战胜困难的。这一点非常重要。中国共产党英勇奋斗几十年的历史，新中国成立后十几年建设社会主义所取得的成就，人民是看得清楚的。在某些问题上，人民可能有意见，但是，同旧社会比，他们还是觉得中国共产党好。党所做的好事，包括革命的胜利、建设的成就，同所犯的错误造成的损失比较起来，当然是好事多。对于这一点，人民会做出公正的评价。当前的困难，一般说是好人好心做了错事所造成的。人是好人，心是好心，就是做错了事，讲清楚了，改正了错误，把工作做好了，能够得到人民的原谅。（五）党的各级领导干部取得了正反两方面的经验。这一点很重要，干部取得经验，有利于克服困难，恢复经济，对今后工作很有好处。

讲清楚困难和有利条件后，陈云提出了克服困难的六个办法：

第一个办法是，把十年规划分成两个阶段，前一阶段是恢复阶段，后一个阶段是发展阶段。陈云指出，无论农业或者工业，都需要一个恢复时期。农业的恢复大约要三年到五年。工业在这三五年内，也只能放慢速度，只能是调整和恢复。当然，恢复阶段的某些方面也可能有若干发展。但是，就全体来说，十年规划的第一个阶段主要是恢复。这一阶段的任务，是克服困难，恢复农业，恢复工业，争取财政经济情况的根本好转。恢复是为了发展。有了前一阶段的恢复，才有后一阶段的发展。恢复阶段的时间，陈云考虑，从 1960 年算起，大体上要五年。历史的发展证明，陈云的估计惊人地准确。

陈云提出的第二个办法是减少城市人口，“精兵简政”。这是克服困难的一项根本性的措施。精简职工的工作，当时已经在进行。但面临的困难是相当大的。招人容易，要他们走就很困难。陈云主张，无论精简工作怎么困难，都要坚决进行下去。他说，如果现在不减，财政继续亏空，市场发生动乱，就会使我们更加被动。现在减有困难，将来减更加困难，两个困难比较起来，还是早减为好。他还说，让家在农村的职工回家吃饭，在家里匀着吃，比较好办。对于减人，大家一定要下定决心，否则没有出路。

陈云提出的第三个办法是，采取一切措施制止通货膨胀。这是困难时期维护经济稳定和社会安定的一个非常重要的方面。他提出：一方面要严格管理现金，节约现金支出，银行要把钞票管理好，能不用的钱一定不用，执行的严格的程度要超过第一个五年计划时期。另一方面要尽可能增产人民需要的生活用品。要从重工业方面转移一部分原材料，增产日用品，回笼货币。同时要坚决同投机倒把活动作斗争。

为了尽快回笼货币，限制商品价格上涨，陈云提出还应该增加几种高价商品。“大跃进”后市场紧张，一个结果是票证经济大流行，什么东西都要凭证供应，引起群众不满。为了缓和人心，一些地方开始出售高价商品。陈云认为，在供应紧张的时候，总要网开一面。他总结了这样做的三大好处，一是可以缓和人心，二是可以增加点营养，三是可以回笼货币。高价商品中，陈云首先看中了糖果。陈云提出，要充分利用进口的糖和麦子，先用来制作高级糖果和糕点。他说，从古巴进口的糖，平均分配每个人只能摊到很少一点，我们中国有 7 万万张嘴巴，稍微张一张就差不多了。他要商业部门不怕抢购高价商品，他说，你越怕鬼，鬼越厉害。可以放大胆子，敞开来卖高价糕点、高价糖果，让人民币“挂帅”，挂得越多越好，把钞票都挂过来。陈云当时还考虑要增加一些高价商品，说有了猪肉可以在饭馆里搞些炒肉片、炒肉丝卖高价。但由于生猪饲养一直没能恢复元气，这个打算最后落空了。

卖高价商品，实际上是货币贬值，群众会有些不满意。但是，把涨价的范围局限到少数商品上，人民的基本生活资料并不涨价。陈云说，只要基本生活资料不涨价，就不会出大问题。如果不采取这个办法，多余的货币不能回笼，到处冲击市场，更不好办。

陈云提出克服困难的第四个办法，是尽力保证城市人口的最低生活需要。

由于当时粮食定量已经低得可怜，浮肿病蔓延得很厉害，饿死人的事时有发生，陈云对此极为忧心。他想出了三个当时能够逐步采取的办法：大豆、尼龙袜子和山珍海味。一是分几步做到城市每人每月供应 3 斤大豆，夏天和蔬菜多的地区可以少一点。二是每年供应几千万双尼龙袜子。当时国外已开始兴起穿尼龙袜子，比棉线袜子抗磨耐穿，陈云要外贸部、纺织部研究解决原料问题，决定进口。陈云在西楼会议的发言中说，如果每年用 400 万美元进口 1000 吨尼龙，就可以织 4000 万双袜子，产量可以加倍。一双尼龙袜子可以卖几块钱，买的人欢喜，国家一年可以回笼几亿元的货币，这是公私两利的事情。三是把全国各地价值约 4000 万到 5000 万元的山珍海味等高级副食品，用于高价饭馆，价钱卖贵一点。招待所用这些东西的时候，也要卖高价。这样，既可以改善一部分人的生活，也可以回笼不少货币。

陈云为克服国民经济困难提出的第五个办法，是把一切可能的力量用于农业增产。除首先增产粮食以外，要重新考虑保证经济作物增产的办法。1961 年 4 月 3 日，中央决定对种植棉花、烤烟等重要经济作物的农民奖励一些粮食，但标准不高，不足以解决口粮问题。农民吃不饱，就只好把棉田改种粮食。这样下去，棉花不但不能很快增产，而且可能继续减少。陈云主张，在以往进口粮食补充口粮的基础上，为了保经济作物，还要多进口一些粮食。进口 1 吨棉花要用 700 美元，进口 1 吨粮食只要 70 美元。这就是说，进口 1 吨棉花所用外汇可以进口 10 吨粮食，而用 10 吨粮食就可以鼓励农民多产 5 吨棉花。其次，要对不同的产粮区，研究出不同的增产办法。陈云提出，对商品粮的主要产区，应该多供应化肥。他说，据计算，进口化肥比进口粮食合算。只要外汇有可能，就要多进口一点化肥。第三，拨出一部分钢材、木材，制造中小农具。陈云指出，目前工业支援农业的重点，不是拖拉机，而是中小农具。要切实计算化肥和农业机械可能供应的程度，要确实能够办，不要做不切实际的计划。

第六个办法：计划机关的注意力要从工业、交通方面转到农业增产和制止通货膨胀方面来。

陈云的讲话，得到刘少奇、周恩来、李富春、李先念及与会者的完全赞同。国务院各部委党组的成员们自发地报以长时间热烈的掌声，认为问题分析得透辟，解决的办法切实可行。大家一致反应，很久没有听到这样实事求是的精彩报告了，克服困难、从危机中走出来的信心倍增。当时大家听了以后，有一个深刻的印象，觉得这么一讲，困难讲够了，心里踏实了，办法也切实可行。会后，各部委都纷纷要求传达。中央书记处开会讨论时，邓小平说，全部传达，怎么讲就怎么传达。刘少奇也同意用中央的名义转发全国，而且还对怎样写转发批语提了一些意见，说对困难的估计，是有十分只讲八分好，还是有十分就讲十分好？他的意思是要把困难估计够，工作才能主动。

西楼会议后不久，3 月 7 日，陈云主持召开了中央财经小组会议，并讲了七个重要问题。

有了思想上的统一，又有了组织上的保证，国民经济调整工作终于真正动起来了。4 月 19 日，中共中央正式发文，宣布中央财经小组的组成人选：陈云为组长，李富春、李先念为副组长，周恩来、谭震林、薄一波、罗瑞卿、程子华、谷牧、姚依林、薛暮桥等为成员。周恩来、李先念主持小组会按照陈云讲话的思想，经过反复讨论研究，于 4 月向中共中央提出了《中央财经小组关于讨论 1962 年调整计划的报告（草案）》。

1962 年 5 月 7～11 日，中共中央政治局常委在北京举行工作会议，讨论中央财经小组提出的《关于讨论 1961 年调整计划的报告》。出席会议的有：在京政治局常委刘少奇、周恩来、朱德、邓小平；中央政治局委员和书记处书记彭真、陈毅、李富春、贺龙、李先念、乌兰夫、陆定一、陈伯达、康生、谭震林、王稼祥、李雪峰、杨尚昆、罗瑞卿。还有各中央局、中央各部门负责人，国务院工交、农林、财贸、文教、科学各口的负责人等，共 105 人。如此规模的中央常委工作会议，其重要性显而易见。

这次会议十分认真地讨论了什么是马克思列宁主义者对待

困难的正确态度的问题。说：我们对困难的估计，无非是这样三种：估计够了，或者过了头，或者估计不够。我看，对困难估计过分危险性不大。我们估计有那么多困难，后来发现好一点，困难没有那么多，这好，这危险不大。但是，对困难估计不够就危险了。我们多少年都是因为估计不够而陷于被动。估计过头了危险，还是估计不够危险？比较起来，还是估计不够危险。还没有到那种把困难夸大，使得我们的工作受损失的时候，现在还不到那种危险。将来可能有那种危险，但是现在还不到，现在的主要危险还是估计不够的危险。我们应当充分估计当前的困难以及我们现在还估计不到的那些困难，要准备着迎接困难，克服困难。否则，我们就是对克服困难的精神准备不够，这是危险的。一个人，充分估计了困难，还不害怕，还是干劲十足地挺起胸膛前进，这是勇敢的。分明有困难，说是没有困难，这样的人，不能算勇敢的人。共产党员的革命气概应该是充分估计困难，甚而至于到那个最困难的地方，我还是挺起腰杆前进。我想，我们革命家的气概，马克思主义者的气概，应该这样。对困难估计不够，自己安慰自己，不是马克思主义者。①

上述讲话的精神，都写进了中央转发财经小组的报告指示之中。财经小组报告的第二部分，详细地分析了经济形势，认为目前国民经济存在着严重的不平衡。

报告具体分析了国民经济八个主要方面的困难情况：

① 金冲及主编：《刘少奇传》（下），中央文献出版社 1998 年版，第 903～905 页。

第一，粮食供应还很紧张，经济作物还在继续减产，整个农业经济的恢复，不可能很快。第二，工业生产要上去，没有农业的恢复不行，没有工业内部的大调整也不行。第三，基本建设规模缩小以后，必须踏步两三年，作好调整工作，才能创造条件，继续前进。第四，货物运输量减少了，铁路运输的紧张状况暂时缓和下来，目前突出的问题是短途运输的能力严重不足。第五，职工人数大大超过了目前的经济水平，特别是农业的生产水平。如果不把职工人数大大地减下来，要改善职工的生活是根本不可能的。第六，市场的供应情况，特别是吃的和穿的，在今后三五年内很难有大的改善。第七，对资本主义国家外汇的收入不可能再增加，支出的一半左右必须用于进口粮食。第八，财政严重亏空，货币发行过多，主要商品挖了库存，生产资料大量积压。

上述国民经济八个方面的困难情况，集中反映为国民收入的显著下降。据国家统计局估算，1961 年的国民收入总额为 790 亿元，比 1957 年的 932 亿元减少 142 亿元。如果不扭转国民收入的这种下降的趋势，我们就不可能增加积累基金来扩大再生产，也不可能增加消费基金来改善人民生活。

依据上述对国民经济情况的分析，财经小组报告的第三部分提出了三点重大方针性措施：

（一）整个国民经济需要进行大幅度的调整。这就是说，要按照农轻重次序进行综合平衡的方针，把建设的规模调整到同经济的可能性相适应、同工农业生产水平相适应的程度，工业生产战线调整到同农业提供粮食和原料的可能性相适应、同工业本身提供原料、材料、燃料和动力的可能性相适应的程度，把文教事业的规模和行政管理的机构缩小、精简到同经济水平相适应的程度，把城镇人口减少到同农村提供商品粮食、副食品的可能性相适应的程度，使工农关系和城乡关系不像现在绷得这样紧。

（二）财政经济情况的根本好转，要争取快，准备慢。

（三）大力加强农业生产战线，努力恢复农业生产，在工业生产建设方面要进行五个排队，在精简节约方面要实行七项措施。而坚决缩短工业生产建设战线，继续大量减少城镇人口和减少职工，是在重工业生产指标和基本建设规模作了幅度较大的调整以后，继续进行调整工作中的最重要的一个步骤。

会议认为精简职工，减少城镇人口，是当时最为关键的重大而艰巨的任务。会议以主要精力精密周详地研究和部署了这项工作。会上印发的《周恩来同志在中央工作会议上关于精简问题的讲话要点》，对精简 1000 万职工和缩减 2000 万城镇人口的方案，作了详尽周密的说明，细致地规定了各系统减人指标、对象、具体办法、政策界限，以及完成的时间、步骤、待处理职工的待遇等问题。

刘少奇对精简工作的危险性作了充分的估计。他说：我们下决心减少城市人口 2000 万，这也算一个勇气……搞这件事，应该是决心要大，行动要快，但是要有区别、有步骤地来进行，不能慌慌忙忙一股风。

刘少奇特别谈到由于减少院校而产生的减少学生的问题。他说：减少学校的学生，我看要注意方式。我们要保证北京、上海、天津、武汉、沈阳、哈尔滨、广州这些大城市不闹事就好。中小城市，比如石家庄那些地方，当然也要注意，闹事不好，总是先保证这些大城市不闹大事，尽可能不出乱子，少出乱子，不出大乱子，但是也还要准备出乱子。出了乱子怎么办？我们也不要估计不够。因此，我们现在在精神上、组织上还得有点准备，准备他出大乱子。准备着不要紧。我们准备着，不用，那最好。我们不备，他不出，那好，问题是他出了，你没有准备，结果事情会越闹越大，我们会陷于被动。我想，是不是准备一种戒严性的维持秩序的办法。大乱子已经出了，秩序已经乱了，那有什么办法呢？只好戒严，断绝交通，把秩序恢复。我们要有所准备，讲清楚，先要开会研究一下。在这些大城市、中小城市也不要乱来，开枪打死人不行的。我估计，可能没有这个事。如我们深入地做群众工作，做解释工作，我们负起责来，向他们道歉，跟他们一道同甘共苦，说实在难，我跟你一道去，这样，我估计在群众中间可以说通的。一个是准备学生、工人闹事，另一方面，还要了解，我们这个国家人民的觉悟是比较高的。只要讲清楚了……他没有话讲，很容易通。最怕的是你不讲道理，你讲不通，那他就不答应。这件事，恐怕事先做很好的解释工作。负责人要出面讲话。解释工作应该首先在干部中做，在党内做，后在群众中间做。在城市，在乡村，一律不登报，只做口头解释。在解释中间，党政领导负责向群众作自我批评，说我们这几年犯了一些错误，有很多缺点，因此把你们招来多了，现在只好请你们回去。要向他们请求，要求他们，要做普遍、深入的群众工作，以便使我们的思想跟群众的思想能够统一起来，然后就能够统一行动。

刘少奇接着说：我觉得，把调整工作、精简工作做好，下放 2000 万人，这个工作比大跃进的工作更困难，把这个工作做好，要有更大的本事。不能说搞好大跃进是英雄，搞好今天的工作就不是英雄。大跃进的英雄模范是登报的，今天的英雄模范是不登报的。但是，大跃进的英雄模范是简单的工作。在困难的时候是坚定的，这种工作好的，应该摆在第一位。

我们减少这么多城市人口，关这么多厂，指标调低，是不是消极的？我看不是消极的。只有这样，才能停止目前经济情况的继续恶化，才能转入主动，才能在以后继续前进。我想，这样的步骤是当前我们所能采取的最积极的措施。除开这样搞，还有什么积极措施呀？你说还要搞多少万吨钢，多少万吨煤，那才叫积极，这叫消极呀？恐怕提出那样的高指标是最消极的。在当前情况下，下放这样多人，关这样多厂，应该说，这种措施是积极的，而且是最积极的。（周恩来同志：是加强农业战线。）是拉长农业战线，缩短工业战线。缩短工业战线是为了加强农业战线。

1962 年 5 月扩大的中央常委工作会议结束后，国民经济调整工作迅速深入展开。到 1962 年底，调整措施雷厉风行地得到实施。

一是精简工作取得成效。在中共中央关于新的精简工作正式文件下发之前，先由与会者将《周恩来同志在中央工作会议上关于精简问题的讲话要点》带回去，作为进行工作的依据。

5月27日，中共中央、国务院发出了《关于进一步精简职工和减少城镇人口的决定》；5月28日，又发出了《关于减少职工和城镇人口的宣传要点的通知》。经过有效的工作，到9月份，全国共减少职工1940多万人，城镇人口由上年的12707万人减为11659万人，净减1048万人。这样短的时间内将如此大规模的城镇人口向农村迁移，历史上罕见。

二是进一步缩小基本建设战线的工作取得成效，1962年的基本建设实际完成56.6亿元，比5月中央常委扩大会议定的46亿元略高。投资的方向也作了调整，首先保证维持当年生产水平的需要，优先保证国家急需的项目如煤矿、铁矿的延伸、开拓工程、合成脂肪酸、人造纤维、农药、化肥、国防尖端等。基本建设职工人数年末压缩到244.5万人，比上年末又减少了150多万人（最高人数为1960年，共692万多人），全国开工的大中型项目由1961年的1409个，减到1003个（1960年为1115个）。

三是缩短重工业战线，“拆架子”“收摊子”，关停并转的工作取得显著成绩。从5月动员调整到10月止，全国县以上工业企业减少了约1.9万个。加上1961年已经减少的，合计减少了4.4万个企业、966万名职工，相当于1960年末9.6万个企业的44.8%、2144万职工的45%。裁并了一批企业，使得冶金、建材、化工和机械工业企业的数目分别减少了70.5%、50.7%、42.2%和31.6%。加强了煤炭、石油、化工等短线产品的生产能力。转移了110个机械工业企业约3万人、5500台机床到农业机械生产部门，也拨出了一些企业给军事部门加强军工生产和维修的能力。单从某些比例数字上看，这次后退不亚于 1929 年席卷资本主义世界的那次超级经济大危机。这是一次被迫进行的大调整。调整后，全国亏损的工业企业数量和亏损额大幅度下降。

四是消灭财政赤字，稳定市场。主要措施是：努力增加日用工业品，扭转企业亏损，增加商品供应，增加财政收入；压缩基建投资、各项事业费和国防费，以减少财政支出。1962 年全国财政支出比上年减少 61 亿元。

五是进一步调整农村政策。1962 年 2 月 23 日，中央发出《关于改变农村人民公社基本核算单位问题的通知》，决定农村人民公社一般以生产队为基本核算单位，实行以生产队为基础的三级集体所有制，至少 30 年不变。

1962 年下半年，在城镇生活的中国百姓感到最高兴的是，他们手中的各种票证在种类上增加不多，但是政府发给他们的配额却增加了：儿童的粮食配额从 18 斤增加到了 27 斤，细粮的比例也增加了。大人们感到松了一口气：今年过年终于能吃上一顿饺子了。

秋天，《人民日报》报道说，中国的铁锅生产已经能够满足老百姓的需要。“大跃进”时期砸锅卖的铁，经过高温冶炼变成红红的铁水，灌入模具浇铸，走了一圈又变回了老样子。夏秋过后，农民终于也能够略微吃饱一点了。北方冬闲时，一些生产队杀猪宰羊，请来戏班子演戏，连续数天放开肚子吃饭。是啊，中国的农民好几年没吃顿饱饭了，饿的时间太长，该饱饱地吃一顿了。风气蔓延之广，以致中共中央不得不紧急下文，要求制止农村最新出现的“大吃大喝”的“歪风”。

1962年岁末，人们在过新年时大多没有购置新衣服。大人们把孩子们的旧衣服洗干净，在原已磨破了的补丁上再补上一块新补丁，在补了又补的袜底上再补一层布，就把孩子们哄得兴高采烈地东家串、西家跑，高高兴兴地过年去了。

1962年10月6日，中共中央满怀信心地宣告：最困难的时期已经渡过，农村、城市的经济形势正在逐步好转。

一是1962年底，农村生产关系的调整取得重要进展，农村生产力得到一定恢复。农业劳动者达到2.1亿人，比上年增加了1500万人，总数超过了1957年的水平。农业化肥、机械等供应增加，生产条件有所改善。1962年农业总产值达到584亿元，比上年增长0.2%，粮食产量达到1600亿公斤，比上年增加125亿公斤，油料产量达到184万吨，增长10.4%；生猪年末达到近1亿头，比上年增加了2440多万头。

二是工业生产特别是重工业生产速度放慢，使农轻重的比例关系得到改善。工业总产值为920亿元。钢产量667万吨，比上年减少203万吨。农、轻、重比例关系有所改善。在工农业总产值中，农业所占比重由上年的34.1%提高到38.8%，轻工业由27.8%提高到28.9%，重工业由37.7%下降到32.3%。

三是财政收支平衡、略有结余，货币有所回笼。财政收入为313亿元，比上年增加42.5亿元，支出为305.3亿元，比上年减少50.7亿元，收支相抵，结余8.3亿元，从而扭转了连续4年财政赤字的局面。在社会商品零售额同上年基本持平的情况下，年末货币流通量为106.1亿元，比上年末减少19.2亿元。全国集市贸易价格比上年下降了35%。市场供应紧张的情况有所缓和，城乡居民的收入和某些消费水平开始回升。消费品货源同社会购买力之间，由前几年10亿元的差额，变为货源多出41.5亿元。1962年10月6日，中央决定从第4季度到1963年第3季度，增拨4.5亿元职工生活困难补助费，受益职工达650万人，占职工总数的20%，占生活比较困难者的80%。1962年，全民所有制职工平均实际工资由上年的415元增加到440元。城乡居民生活水平比上年提高了4.5%。市场供应紧张的情况有所缓和，城乡居民的生活水平略有回升。每人平均口粮增加55公斤，猪肉增加1公斤，棉布增加0.8米。

到1962年底，国民经济生产和生活还存在不少问题，但由于该退的已基本退够，经济开始走出低谷，脱离了险境，出现了从下降到上升的决定性转折，“调整、巩固、充实、提高”八字方针已经初见成效。但是，经济形势的全面好转只是初步的，经济调整和经济恢复的任务仍很繁重，全党、全国人民对社会主义经济规律的认识还在不断的探索之中。

三、政治和社会关系领域的调整

◎政治和社会关系领域的困难

◎国家民主政治生活的初步恢复

◎检讨文化政策的得失

◎知识分子政策的调整

政治的核心是人，政治调整的关键是调整阶级、阶层或人群之间的关系。三年困难时期，不仅经济困难很大，在政治上也存在一定的问题。在党内关系上和党群关系上，存在着一些严重的不正常状态。其主要表现是：首先，在历次政治运动中错整了一些人。五年中搞了五大运动：1957 年反右派，1958 年“拔白旗”，1959 年“反右倾”，1960 年整风整社，1961 年民主革命补课，夺取领导权。这五大运动每年一个，有不少偏差：1957 年反右派，错定了 50 余万“右派分子”，受批判的还要多得多。打击的分量很重，直接受牵连影响的家属亲友超过数百万，各民主党派，尤其是民主同盟和农工民主党也受到伤害；1958 年“拔白旗”，反地方主义、反民族主义斗争扩大化，伤害了不少人；1959 年“反右倾”，一批干部和群众受批判，一些党员干部被定为“右倾机会主义分子”，一些干部被内定为“中右”；三年困难时期，有的地方搞“民主革命补课”，又错整了一些干部。

其次，在 1958 年“大跃进”中，不但农民利益受损害，而且华侨在国内的家属的利益也受到“共产风”的侵害。有的地方强迫归侨和侨眷献金、存款“放卫星”；造成人心浮动，侨汇大大下降，而且侨眷在政治上因“海外关系复杂”而受到歧视。

第三，在民族关系方面，1958年的青海平叛中存在相当的扩大化错误，没有及时、彻底纠正。

第四，知识分子被当作“资产阶级”看待，科学工作者被批为“白专道路”、“白专典型”；有的人认为，“知识分子既然是属于资产阶级范畴，就是革命对象”，“对知识分子像打鼓，不打不响”，“必须以斗争为主”。在文艺工作上，1958年刮起浮夸风，1959年“反右倾”后又处于消沉状态，在错误的行政干预下，文艺工作者感到无所适从。

这样，“自己人”越来越少，“团结对象”的条件越来越苛刻，而“敌人”的数量则迅速膨胀。此外还存在着党内外民主空气严重不足的问题。1957年以后，党外的人，尤其是知识分子、民主党派，不敢讲话了。1959年“反右倾”后，党内的人，包括不少高级干部，也不敢讲真心话了。在这种心态下，经济建设上所犯的错误及其严重后果，难以及时揭露，更难以进行纠正。

这种情况极大地妨碍了全国人民团结一致克服经济困难的努力。因此，不但经济上已经到了不下大决心调整不行的时刻了，政治关系上的问题也达到非解决不可的程度了。七千人大会是党内五级领导层政治关系的一次大调整。会后，党内外关系的调整工作全面、深入地展开，并且转向了国家和社会结构的上层。

新中国成立后，各民主党派、民主人士与中国共产党真诚合作，团结奋斗，在社会主义建设事业中发挥了巨大作用。民主党派和爱国人士积极参政议政，献计献策，表现出高度的政治热情。但一段时间以来，由于在思想路线上受“左”倾思想指导，中央在这方面的工作有所削弱，党和民主党派人士、全国人大代表、全国政协委员间的联系大大减少。他们当中的许多人对国家情况不甚了解，即使了解一些，也不全面、不系统、不完整。再加上政治气氛紧张，动辄就有可能被批判为右倾保守，使有些人有话不敢讲，有意见不敢提，这不能不说是国家政治生活中的一个严重缺陷。

为了改变这种状况，重新沟通与民主人士正常的政治联系，中共中央逐步恢复了与民主人士协商的一系列行之有效的制度，通过召开最高国务会议、政协、人大等制度，加强中国共产党与民主人士的联系。

最高国务会议制度，是当时在全国人民代表大会制度和全国政治协商会议制度之外的又一个重要国务活动制度，由国家主席根据情况不定期地召集。参加者是中国共产党和人民政府的主要领导人，各民主党派和人民团体的主要负责人，同时也就包括了全国人大和全国政协的主要领导人。会议通常是就一些重大问题进行事前商量，或者进行重要情况的通报。“大跃进”以来，毛泽东主席召集过 1958 年 1 月的最高国务会议、同年 9 月的第 15 次最高国务会议和 1959 年 4 月的第 16 次最高国务会议。1959 年 4 月刘少奇当选为国家主席后，召集过 1959 年 8 月的第 17 次最高国务会议。此后，1960 年和 1961 年中断。基本原因是国民经济发生严重困难，许多情况不清楚，一些话不好说，难于召开。为了克服这种缺陷，进一步调动各方面的积极性，深入进行国民经济调整，1962 年 3 月 21 日，国家主席刘少奇召集第 18 次最高国务会议。

刘少奇和周恩来就形势和工作中的主要问题作了非常坦诚的讲话。

他们在讲话中，把中共七千人大会和 2 月“西楼会议”的基本内容作了清晰的介绍，对国民经济中的困难情况作了坦率真诚的说明。

刘少奇指出：我们国内目前的经济形势，实事求是地讲，是存在着相当大的困难的。我们原来以为，这几年还会有跃进，现在不但没有跃进，不但没有进，反而退了许多。从经济上来说，目前我们不是大好形势。出现困难的原因，一条是天灾，另一条是四年中我们在工作中间有不少缺点、错误。哪一条是主要的？各地情况不一样，有些地方缺点错误是主要的，农民说三分天灾、七分人祸。

刘少奇详谈了 1958 年以来所犯的四条主要错误后指出，我们经常讲成绩与缺点错误是九个指头与一个指头的关系，现在是不是到处可以适用呢？恐怕不能到处这么套。总的也不是九个指头与一个指头的关系；有些地方三个指头对七个指头也不行，而应该说缺点错误是主要的，成绩不是主要的。错误的责任，首先是中共中央负责，其次是各省、市、自治区党委要负责，再其次才是省以下的各级党委。就是说，中共中央决定的某些政策，发出的某些文件、指示等，有些是不适当的，有些甚而至于是错误的，或者说有些是部分错误的。各民主党派和无党派人士，你们没有责任，或者有也很少。

关于犯错误的原因，刘少奇指出：一方面是由于我们搞社会主义建设工作的经验不够，另一方面，我们不少负责同志不够谦虚谨慎，有了骄傲自满的情绪，违反了实事求是和群众路线的传统作风，在不同程度上削弱了党的生活、国家生活和群众组织生活中的民主集中制的原则。中央的同志，省的负责同志，自己不去亲身作调查研究，轻信汇报。有些地方，完全依靠命令办事，瞎指挥，形式主义。同时，在一段时间，在党内、在群众中间，又进行了一些错误的过火的批评斗争，因此，缺点、错误就长期不能发现改正。

刘少奇还谈了对“三面红旗”的看法。他说：第一，总路线还要不要？总路线还是继续实行。过去执行里头有偏差。第二，大跃进。我们过去对大跃进的解释也是有片面性的，每年要翻一番，或者说要增长百分之几十。我想，大跃进这个口号还是不取消，现在取消太早了，到那个时候争取不到，就证明不能大跃进。有一种可能是不能大跃进，有一种可能是能够大跃进，从整个历史阶段来看，作为我们的奋斗目标是可以的。第三，人民公社。从前提过人民公社“一大二公”，现在人民公社大是大，公就看不那么清楚，现在搞到小队核算，似乎也不那么“一大二公”了，因此，这个口号要不要？要不要取消？现在这个问题看不大那么清楚，但是再过多少年可能看得清楚。因此，这个“一大二公”的口号我们也还不取消，放到这里再看嘛。有人说，人民公社办早了。也可以说，人民公社迟几年办是可以的。问题是群众已经办起来了，我们还是站在群众面前去领导人民公社。主要的经验，不应该一下子全面铺开，搞得太急了。总之，“三面红旗”都不取消，都继续保持，而且继续为这个“三面红旗”奋斗。有些问题现在还看不大清楚，但是再过五年、十年，再来总结经验，就可以进一步对这个“三面红旗”做出结论。

对于刘少奇主席如此坦率诚挚的讲话，出席会议的各民主党派和无党派民主人士都十分感动，认为中国共产党还是光明磊落的、郑重的、对国家和人民负责任的党，并从这种襟怀坦白、肝胆相照中，唤起了同舟共济战胜困难的责任感。

3 月 27 日至 4 月 6 日，第二届全国人大三次会议在京举行。周恩来总理在政府工作报告中，全面地讲了 1960 年下半年提出调整国民经济的八字方针后工作进展的情况、存在的困难，以及 1962 年调整工作的十项任务。周恩来要求加强在中国共产党领导下的以工农联盟为基础的广泛的人民民主统一战线，加强全国各族人民同党和政府的密切合作，通过艰苦努力，战胜所遇到的困难。

4 月 28 日，周恩来又在全国政协第三届三次会议上作了《我国人民民主统一战线的新发展》的讲话。他谈了政协的工作责任，共产党在政协的责任，各民主党派的责任，工会的作用，青年团的责任，妇女组织的作用，工商联的工作，文教科学团体队伍的加强，兄弟民族的关系问题，宗教问题，华侨问题。号召增强信心，团结奋斗，争取新的胜利。这一次全国政协会议开了 20 多天，200 多名委员发了言，提出了 400 多件提案，广开言路，充分发挥了政治协商的作用。

对于刘少奇、周恩来的讲话，毛泽东很赞成他们这样做。

毛泽东说：我们欠民主人士一笔债，现在还了。

上述三个会议的召开，使得国家和社会上层的政治活动恢复了正常状态。中国共产党与各方面的密切联系重新建立起来，党的正确政策的领导作用得到加强。

从1957年反右派斗争开始，一个接着一个的政治运动开展起来，使科研、教育、文艺等部门的工作受到很大冲击，很多知识分子，特别是各方面的业务骨干，受到批判和处理。在"大跃进"中，大批业务人员、学校学生参加劳动过多，也打乱了正常的工作、学习秩序。当时困扰党的文化工作主要的问题是：（一）自然科学工作者的红与专问题；（二）百花齐放、百家争鸣的问题；（三）研究机构内党的领导方法问题。

根据党中央和毛泽东的指示，在制定农业、工业、商业方面的工作条例的同时，科技、教育、文艺等部门在认真开展调查研究的基础上，开始起草各自的工作条例。这些条例主要有：（一）《科研十四条》，即《关于自然科学研究机构当前工作的十四条意见（草案）》，是由国家科委、中国科学院党组负责起草的。（二）《高校六十条》，即《教育部直属高等学校暂行工作条例（草案）》，是教育部负责起草的。草案经过修改，定为10章60条。在制定《高教六十条》的同时，教育部还起草了中小学教育工作条例（草案），分别写成《全日制中学暂行工作条例（草案）》和《全日制小学暂行工作条例（草案）》两个文件。这样，高等学校、中学、小学三个教育工作条例草案，就先后都制定出来了。（三）《文艺八条》，即文化部党组和全国文联党组《关于当前文学艺术工作若干问题的意见（草案)》，是由中央宣传部于1961年上半年主持起草的，最初题为《关于当前文学艺术工作的意见（草案)》，共十条，后压缩成八条。1962年3月28日，中共中央批转了《文艺八条》。《文艺八条》的主要内容是：进一步贯彻执行百花齐放、百家争鸣的方针；努力提高创作质量；继承民族文化遗产和吸收外国文化；正确地进行文艺批评；保证创作时间，注意劳逸结合；奖励优秀人才，奖励优秀创作；加强团结，继续改造；改进领导方法和领导作风。在制定《文艺八条》的同时，有关部门还制定了《剧院工作十条》《电影工作三十二条》等具体条例。

《科研十四条》《高教六十条》《文艺八条》等工作条例，是针对不同方面的工作制定的，但因为这些工作都以知识分子为主体，因而许多内容是一致的，基本上澄清了三个重大问题的是非。

第一，关于知识分子的政策问题，特别是如何看待“红”与“专”的关系问题以及坚持“双百”方针问题。

从1957年反右派斗争以后，党对知识分子的政策逐步产生了偏差，对他们政治上的进步和在社会主义建设中的作用估计不足，虽然一直强调“又红又专”，但实际上强调“红”而忽视“专”，并以参加政治学习、政治活动的多少作为“红”的标准，甚至把“红”与“专”对立起来，认为非“红”即“白”，给很多积极钻研业务的知识分子扣上“白专”帽子，加以压制和排挤。在坚持“双百”方针问题上，往往把学术问题与政治问题混淆起来，轻易将学术上的不同观点提高为政治问题，并出现了片面的、粗暴的做法，严重挫伤了广大知识分子的积极性。要重新调动知识分子的积极性，首先就要解决这些问题。

关于“红”和“专”的关系问题。1961 年 6 月 19 日，周恩来在中央宣传部召开的文艺工作座谈会和文化部召开的故事片创作会议上的讲话中，就曾批评“白专道路”这个口号，指出“这个口号不是我们提的”。6 月 20 日，聂荣臻在《关于当前自然科学工作中若干政策问题的请示报告》中，也认为“红必须落实，不能空空洞洞的”，“白专”这个提法是不确切的，建议“以后不要把‘白专’作为批判用语”。8 月 10 日，陈毅在对北京市高等院校应届毕业生的讲话中，也谈到了这个问题。他说：“从来没有空头的政治，政治都是通过业务来体现的”，“我们不能够拿参加政治活动多少来衡量一个人的‘红’或‘白’”。

正是根据这些精神，《科研十四条》规定：“红，首先和主要的是指的政治立场。对自然科学工作者的红的初步要求，就是：拥护党的领导，拥护社会主义，用自己的专门知识为社会主义服务”，“红和专应当统一起来……在今天大多数的情况下，科学工作者的钻研业务和努力工作的积极性，正是他们的社会主义思想觉悟提高的具体表现，必须十分爱护和充分鼓励”。

关于“双百”方针。周恩来在 1961 年 6 月 19 日文艺工作座谈会和故事片创作会议上的讲话中，就曾强调说：文艺工作上，“不论哪一方面都不能独霸文坛。我们提倡批评，也提倡百家争鸣、自由讨论”。7月19日，中央《关于自然科学工作中若干政策问题的批示》也提出：“在学术工作中，一定要百花齐放、百家争鸣，不戴帽子、不打棍子、不抓辫子。这样才能造成一种又有统一意志、又有个人心情舒畅、生动活泼的政治局面，充分地调动起广大知识分子的积极性，使他们能积极地、负责地去做工作。”根据这些精神，《科研十四条》规定：要“正确地划分政治问题、思想问题和学术问题之间的界限，区别对待，不能混淆”，“不要给自然科学技术的不同学派、不同主张戴上什么‘资产阶级的’、‘无产阶级的’、‘资本主义的’、‘社会主义的’之类的阶级标签”。《高教六十条》规定，不许用对敌斗争的方法来解决人民内部的政治问题、思想问题和学术问题，也不许用行政命令的办法、少数服从多数的方法来解决世界观问题和学术问题。《文艺八条》规定：“百花齐放、百家争鸣，是发展我国社会文学艺术的根本方针”，在文艺批评中，“对文学艺术不同意见和文艺理论上的不同观点，有讨论的自由，批评的自由，也有保留意见和进行反批评的自由”。

第二，明确了科研、高教、文艺工作的根本任务，并规定了有关的规章制度，以恢复正常的秩序，保证根本任务的完成。

为了克服因政治活动和生产劳动过多，影响业务工作的现象，《科研十四条》规定：“研究机构的根本任务是：不断提供新的科学研究成果，并且在工作中培养出科学研究人才，为社会主义建设服务。研究机构的一切工作、一切措施，都必须保证这一根本任务的实现。”为了完成这一根本任务，研究工作要实行“五定”，即定方向、定任务、定人员、定设备、定制度，应该尽一切可能，把科研技术人员的精力和工作时间，用于研究工作。《高教六十条》规定：“高等学校必须以教学为主，努力提高教学质量。”为了保证这一点，平均每学年应该有八个月以上的时间用于教学，学生参加生产劳动的时间一般为一个月至一个半月。在《文艺八条》中，对努力提高创作质量，保证创作时间等也做了规定。

第三，改善党对科研、高教、文艺工作的领导。

1957年以后，党加强了对科研、高教、文艺工作的领导，这本来是必要的和正确的。可是在实际工作中，研究所的室、高等学校中的系及文艺单位中的基层党组织，直至党支部、党小组，也强调要领导一切，强调“外行领导内行”，这就干预了业务工作，给科研、教育和文艺工作造成了许多困难。为了改进党的领导，《科研十四条》和《高教六十条》规定：研究所和校一级的党组织（党组或党委）及校的领导核心，各研究室、组、系一级党组织的任务，是做好思想政治工作，保证党的方针政策的正确贯彻，保证研究和教学任务的顺利进行，即起保证监督作用。关于党对文艺工作的领导问题，周恩来在1961年6月文艺工作座谈会和故事片创作会议上的讲话中指出：对文学艺术我们懂得少，发言权很少，不要过多干涉，要尊重文艺的客观的发展规律。根据这个精神，《文艺八条》除做了与《科研十四条》《高教六十条》相类似的规定外，还特别强调了党组织不应该不适当地干涉学术性质和艺术性质的问题。

这些规定，针对当时困扰科研、教育、文艺工作的主要问题，确定了明确的政策界限，纠正了过去几年中的错误。因此，三个条例下发以后，受到广大知识分子的普遍欢迎。《科研十四条》发出后，党内外反应都很强烈，做科研工作的人员更是感到兴奋，积极性普遍提高；做党政工作的干部也表示欢迎，感到政策界限比较清楚了。各科研机构出现了繁荣气象，学术活动开始活跃起来。《高教六十条》发出后，高等学校的师生员工也普遍表示欢迎和拥护，认为这个文件基本上总结了教育革命的经验，并且针对当时存在的问题，提出了解决的办法，是一个纲领性的文件。天津大学的校长认为，执行这个条例就能够“贯彻政策、明确职责、稳定秩序、提高质量”。有的学生说：“看到《人民公社六十条》以后，就盼望高等学校也定出一个六十条来，现在果然盼到了！”《文艺八条》发出后，同样受到广大文艺工作者的热烈拥护。它的初稿《文艺十条》在1961年6月的文艺工作座谈会上讨论时，与会同志就一致认为它的制定是及时的、正确的，其中提出的问题正是当时迫切需要解决的问题，希望能早日发到全国，作为各地改进文艺工作的依据。

1962年3月，国家科委在广州召开全国科学工作会议，文化部和戏剧家协会在广州召开全国话剧、歌剧、儿童剧创作座谈会，贯彻七千人大会的精神，两个会议都称为“广州会议”。

3月2日，周恩来对两个会议的代表作了《论知识分子问题》的讲话。他说：“不论是在解放前还是在解放后，我们历来都把知识分子放在革命联盟内，算在人民的队伍当中……12年来，我国大多数知识分子已有了根本的转变和极大的进步。1956年我曾作过关于知识分子问题的报告，对知识分子的状况作了初步估计。刘少奇在1956年党的八大一次会议上也说，‘知识界已经改变了原来的面貌，组成了一支为社会主义服务的队伍’……”周恩来接着说：对于知识分子，有六个问题要解决好，要信任他们，帮助他们，同他们改善关系，帮他们解决问题，要承认我们过去有错误，承认了错误还要改。

周恩来指出：中国半殖民地半封建的社会性质，决定了中国知识分子的大多数常常站在民族立场上，反对外国殖民者和本国卖国贼，成为革命的、爱国的知识分子。他充分肯定新中国成立后知识界取得的根本转变和进步。周恩来在讲话中引用了列宁《〈关于用自由平等口号欺骗人民〉出版序言》中的一段话：“无产阶级专政是劳动者的先锋队——无产阶级同人数众多的非无产阶级的劳动阶层（小资产阶级、小业主、农民、知识分子等）或同他们的大多数结成的特种形式的联盟。”周恩来认为，列宁把知识分子包括在“非无产阶级”的“劳动阶层”内，“对知识分子的估计要以这个为纲”，要在这个根本估计的基础上确定党和国家对知识分子的政策。报告中，周恩来批评了1957年以来对知识分子改造问题的片面理解，指出改造是长期的，方法要和风细雨，不能粗暴，这样气才能顺，心情才能舒畅。他说，知识分子最怕别人给他“上大课”，要促膝谈心。这事实上重新肯定了他在1956年提出的知识分子的绝大部分“已经是工人阶级的一部分”的结论，以及当时提出的对知识分子的正确政策。周恩来的这篇讲话，同他 1951 年的《关于知识分子的改造问题》和 1956 年的《关于知识分子问题的报告》一起，成为新中国成立以后党对知识分子的正确理论和政策的重要文献。

陈毅 3 月 5 日在全国科学工作会议上的讲话和 3 月 6 日在全国话剧、歌剧、儿童剧创作座谈会上的讲话中，提出了“脱帽加冕”，就是脱掉资产阶级知识分子之帽，加上劳动人民知识分子之冕，并郑重地向与会人员行了“脱帽礼”。

陈毅说：

周总理前天动身回北京的时候，我把我讲话的大体意思跟他讲了一下，他赞成我这个讲话。他说：你们是人民的科学家、社会主义的科学家、无产阶级的科学家，是革命的知识分子，应该取消资产阶级知识分子的帽子。今天我向你们行脱帽礼！

接着，他动情地说：

12 年的改造，12 年的考验，尤其是这几年严重的自然灾害带来的考验，还是不抱怨，还是愿意跟着我们走，还是对共产党不丧失信心，这至少可以看出一个人的心。十年八年还不能考验一个人，十年八年十二年还不能鉴别一个人，共产党也太没有眼光了。

……

> 我是心所谓危，不敢不言；我垂涕而道：这个作风不改，危险得很！我们必须改善这个严重的形势。形势很严重，也许这是我过分估计，严重到大家不写文章，严重到大家不讲话，严重到大家只能讲好，这不是好的兆头。将来只能养成一片颂扬之声……危险得很呵！①

陈毅豪爽健谈，且素有“儒将”之称，他这两次讲话生动活泼、诙谐风趣、悲愤交集，使到会的同志深受感动和鼓舞，在讲话过程中会场里响起60多次掌声和笑声，可见受欢迎的程度。代表们普遍认为：“很全面、很透彻，感情充沛，听来很亲切，使人深受感动，心悦诚服。”1962年3月21日，历史学家周谷城在最高国务会议上发言说：“知识分子过去认为自己是资产阶级知识分子，觉得自己是被改造的，始终是做客的思想，积极性还没有发挥出来。”如今，“得到一个光荣称号，是劳动人民了，对这一点特别高兴。我对这一点也很兴奋。我觉得只要有这些感觉，精神就活跃起来了”。这是他的肺腑之言，代表了广大知识分子的心声。

广州会议后，知识分子的积极性普遍高涨。聂荣臻回忆说：那时候“中国科学院、国防部五院、二机部九院等许多科研单位，晚上灯火通明，图书馆通宵开放，一片热气腾腾，我国真正出现了科学的春天，至今我还认为：如果没有那几年的实干，‘两弹’也就不会那么快地上天。我们常说，中国人民

① 《陈毅传》，当代中国出版社1991年版，第531～532页。

是很聪明的，并不比别的民族笨。事实证明了这一点。我们有些科学家的确很有才能，关键是怎样发挥他们的才干，要有正确的政策，要关心他们的生活”。文化艺术界也取得了令人可喜的成就，创作出一大批深受人民喜爱的文艺作品。

3 月 28 日，周恩来总理在第二届全国人民代表大会第三次会议上作《政府工作报告》。他在这个报告中说：我国的知识分子，在社会主义建设的各个战线上，做出了宝贵的贡献，应当受到国家和人民的尊重。我国知识分子的状况，已经同解放初期有了很大的不同。新社会培养出来了大量年轻的知识分子，他们正在沿着“又红又专”的道路成长。从旧社会过来的知识分子，经过十几年的锻炼，一般地说，已经起了根本的变化。知识分子中的绝大多数，都是积极地为社会主义服务，接受中国共产党的领导，并且愿意继续进行自我改造的。毫无疑问他们是属于劳动人民的知识分子。我们应该信任他们，关心他们，使他们很好地为社会主义服务。如果还把他们看作是资产阶级知识分子，显然是不对的。

为知识分子“脱”资产阶级之帽，“加”工人阶级之冕，是对当时拥有数百万的知识分子这一阶层政治地位的一个重大调整。它意味着知识分子从“团结、改造、教育”的对象，向着中国共产党的“自己人”重大过渡的开始，具有重大而深远的意义。

七千人大会以后，统战工作也开始着手贯彻会议精神。

1962 年 4 月 23 日至 5 月 21 日，中共中央统战部召开全国统战工作会议，以周恩来在第二届全国人民代表大会第三次会议上的《政府工作报告》为指导，研究统战工作的形势和任务。

会议对全国各族工人、农民、知识分子和其他劳动人民，各民主党派和民主人士，爱国的民族资产阶级分子、爱国侨胞和其他爱国人士，多年来在党的领导下，积极参加社会主义建设，经受了国内外各种风浪的考验，作了充分的肯定，同时，对统一战线各方面工作存在的问题作了比较深入的研究。统战部副部长徐冰主持会议并作总结报告，部长李维汉讲了话。中共中央书记处听取会议汇报，周恩来、邓小平等作了指示。5 月 28 日，中央统战部向中央作了关于会议的报告。

报告认为：

> 几年来，在处理阶级关系、民族关系、宗教关系和归侨关系等方面的工作中，发生过一些同中央政策和毛主席思想相违背的严重缺点和错误，妨碍了相当一部分党外人士的积极性。这对于加强人民内部的团结，顺利进行国民经济的调整工作，都是不利的。

会议确定：在今后一段时间内，我们必须认真调整同知识界、工商界、民主党派、民主人士、宗教界、少数民族、归国侨胞以及其他爱国人士的关系，切实解决存在的问题。

第一，在精兵简政、压缩城镇人口的措施下，做好对各界党外人士的安置工作。

当时，已经有些地区把一部分资产阶级工商业者和其他党外人士下放农村或精简回家，引起了他们很大的震动。会议决定，要根据党对他们统筹兼顾、适当安排的方针，切实贯彻“包下来、包到底”的政策，妥善安置，把他们稳定下来。具体规定是：

（一）“对于在职的资产阶级工商业者（指1956年参加公私合营的大、小资本家、资本家代理人和有定息的其他私方人员，全国约76万人，下同）和他们的家属（妻或夫），不要下放农村。个别因家在农村、确系自愿下乡的，可以同意，但不能强迫。已经下放的，如非本人自愿，应该调回。”在保留下来的企业中，一般不精简他们。属于年老、体弱、多病或失去劳动能力的，可以让他们退休，或者放在编制之外，准其请长假。

（二）“对于县和县级以上的各级代表人物，不精简、不下放。对某些必须调整的，应当在其他单位安排相应的职务，不要降低他们的政治地位和生活待遇。”

（三）“对资产阶级子女的升学，应当根据本人政治表现和考试成绩来决定，不要因为他们是资产阶级子女而有所歧视。对不能升学的子女，应当同劳动人民的不能升学的子女同等对待。”

第二，做好甄别平反工作。会议要求：

（一）“必须坚决地、迅速地进行甄别平反工作。凡是在交心运动中受到处分或被划为右派分子的，应一律平反，在拔白旗、反右倾运动中受到批判、斗争、处分或者戴了帽子的，凡是批判错了或者基本错了的都应该平反。凡是平反的，应该摘掉帽子，恢复原来的工作或者安排其他相当的职务。”在做法上，采取召开会议、宣布平反的简便办法。对中上层党外人士，则逐个甄别，逐个处理。

（二）“对在1958年以来其他运动中受过重点批判、处分或错戴了帽子的党外人士，经过甄别，证明完全错了或者基本错了的，也应坚决予以平反，不要拖尾巴。”

（三）“对党外人士的甄别平反，建议由党的各级监委主管统战部和其他有关部门加以配合。”

第三，做好对摘了右派帽子的人和右派分子的安置工作。

给右派分子摘帽子的工作，是1959年9月17日中共中央发出《关于摘掉确实悔改的右派分子的帽子的指示》后开始的。1959年、1960年，两批摘帽9万多人，1961年摘帽12.9万人，合计已达22万余人。这些被摘帽的人有的作了安置，但仍有近10万人未能得到安置。有的尚在劳动或者休整学习和等待处理。有的单位对他们推出不管，有的被遣返其他地区，报不上户口，生活无着。对此，会议提出应迅速解决。

（一）“对目前正在休整学习一时无法安置的，可以延长休整学习时间。目前仍在劳动的，应该停止劳动，休整学习。休整学习期间所需的费用，可列入国家开支，专款报销。对已经分配了工作的，如果认为需要精简时，暂时不动。”

（二）“对于已经解除劳动教养和需要遣返其他城市的摘了右派帽子的人和右派分子，应当暂留原地，设法维持他们的生活，等候处理。”“对已经遣返回城市的，应该准许他们报上户口。”

（三）“对右派分子的家属和子女，应该根据中央原有的规定，按照他们本人的情况对待，不要称为‘右派家属’、‘右派子女’，在就学、就业、生活等方面，不要歧视。”

当时只提到对在“交心运动”中被划为右派分子的人给予平反，而对其他大量被错定为右派的数十万人并不平反，因而1957年反右派严重扩大化的错误不可能从根本上改正。但是陆续给不少人摘掉“右派分子”帽子，并要求在工作、生活上给予安置，强调不要歧视他们的家属子女，在当时是有一定意义的，根据会议的精神和要求，1962年进行了第四批“右派分子”摘帽工作，1964年又进行了第五批摘帽。五批共摘帽30余万人。安置的工作也有一定进展。

第四，加强合作，改善同党外人士的共事关系。

报告认为：改善合作共事关系，是调整关系中一项经常的大量的工作。这方面存在的问题，主要是：对党外人士的进步和作用估计不足，信任不够，因而使用和帮助也不够，常常是敷衍应付，或者凉在一旁，或者课以责任，却不给予必要的权力和条件等。这对于调动党外人士的积极性，掀起为社会主义建设服务的新高潮，都是不利的。

报告提出，今后应当：（一）要充分估计党外人士的进步和作用。（二）贯彻有职有权的原则。（三）根据他们的政治和业务条件，分别适当安排。（四）必须实行民主合作，互相尊重，互相帮助，互相学习。（五）工作条件、功过赏罚、表扬奖励、培养提拔等，应当一视同仁。

第五，发扬民主，认真实行互相监督的方针。

报告认为，“近几年来，在同党外人士的关系上，突出表现在：不倾听党外人士的意见，不同他们商量办事；不是采取和风细雨的方法进行说服教育，而是常常粗暴地进行斗争，强制压服；对民主党派和有关团体的工作，多是把持包办，只强调学习和改造的一面，忽视它们代表合法利益和互相监督的作用。所有这些，使不少党外人士不敢说真心话，使民主集中制的原则受到损害。”因此必须：（一）各级党委要认真地而不是形式地运用人民政协、民主党派和有关团体的力量，采取自由、活泼的方法和多种多样的形式，广泛联系各阶层人士，活跃民主生活，开展统一战线活动。（二）各级党委要主动创造条件，鼓励党外人士敢于讲真话，如实反映情况，积极代表他们所联系的阶级、阶层的合法利益和要求；要乐于听取不同意见，以至于听逆耳之言，真正做到“言者无罪”、“不戴帽子、不打棍子、不抓辫子”；对他们提出的批评和建议，要认真对待，认真处理，决不可敷衍应付，不能解决的，也要说明理由，对不正确的意见，要耐心说服教育。（三）各级统战部是党委的一个工作部门，对于人民政协、民主党派以及有关人民团体不是领导与被领导的关系，只能依据党的方针政策办事，严格遵守与党外人士协商办事的原则，尊重他们的职权，切实纠正把持包办的错误做法。

6月14日，中共中央批转了这个报告。

如果说，1957年以来的几次全国统战工作会议，都或多或少地存在一些“左”倾偏差的话，那么，1962年4、5月的这一次会议，则是一个实实在在纠“左”的会议。尽管仍不免有着当时历史的局限性，但它对于纠正政治关系方面的“左”倾错误，还是起了重要的积极作用。

调整侨务政策，扭转侨务工作在政治上的被动局面，是贯彻七千人大会精神，进行政治关系调整的一项重要内容。

新中国成立后，约有40万侨居海外的同胞怀着满腔热血，纷纷回到祖国参加社会主义建设。他们大都工作积极，学习进步。他们不仅对国内的经济建设起了促进作用，对于促进海外华侨的团结爱国和影响侨居地人民与我国和平友好，也起了很好的作用。全国各地各部门、各级政府贯彻执行党的侨务政策，取得了一定的成绩。但是，在贯彻执行党的侨务政策中，也存在着一个比较突出、比较严重的问题，这就是所谓“海外关系”问题。这是中央巩固和扩大华侨爱国统一战线的一个巨大障碍，也是影响政治方面和睦稳定的一个重要因素。不少地方和部门，不加具体分析地把归国华侨、侨眷、归侨学生在国外的家庭和亲友关系，一律作为“资产阶级关系”或“复杂的政治关系”看待，扣上“海外关系”的帽子，滥加怀疑和歧视。有些地方甚至规定，凡有“海外关系”的人，一律不能入党、入团，不能参加工会，不能当积极分子；有的学校对归侨学生的入学、实习限制很严，将政治、经济、外贸、财贸、新闻等系列为“机密”专业，规定不准归侨学生报考。有的学校还不准学工科的归侨学生下厂实习；有的部门将那些在国外有家庭亲友关系的归侨干部，当作精简下放的对象，或任意调动他们的工作；有的归侨干部虽在工作上有优异的成绩，政治表现也很好，人事部门也不让提拔重用。有的归侨干部被选为先进生产代表，亦不让出席会议；有的单位对归侨干部的婚姻乱加干涉，有些人还因此受到批评，有的单位任意扣拆归侨学生和归侨干部的信件；有的单位在历次运动和政治审查中，把那些和国外亲友有关系的人，列为批判斗争或追查的对象；有的单位甚至把华侨与五类分子并列，即所谓地、富、反、坏、右、侨，混淆了敌我界线。

对于这种主观主义的不做阶级分析、政策上不加区别的错误认识和做法，中央在这次政治关系调整中极为重视，并清醒地认识到，在政治上犯了扩大化的错误，违背了中央、国务院及有关部门反复强调的有关侨务政策方面的指示。这种错误已经造成了极为不良的后果，许多归国华侨、侨眷、归侨学生与国外亲友的正常联系因此而受到严重阻碍，且受到了种种不合理的待遇，使他们对党的政策产生很深的误解和疑虑。

中侨委党组的报告提出了六条全面检查和妥善处理由所谓海外关系引起的问题的意见。

（一）“首先应该认识，在人事关系中所谓海外关系这种划分，原来就是违反中央历来强调的争取海外华侨的政策的，是缺乏根据的，因此，就是错误的。必须从人事、鉴定、审查工作中取消所谓海外关系这一项。”

（二）“对历次运动和政治审查中被批判、追查、处分的归国华侨、侨眷和归侨学生进行甄别处理，凡因有所谓海外关系而被错斗、错处分、错戴帽子者，应根据 1962 年 4 月 27 日中央关于加速进行党员、干部甄别工作的通知的精神，坚决、迅速、切实纠正，取消处分，恢复名誉。”

（三）“对因有所谓海外关系而被任意调职或下放劳动者，应加以妥善处理。对德才兼备的归侨干部，如仅因有所谓海外关系而被不信任和不提拔重用的，应根据党的干部政策处理，不得歧视。”

（四）“对那些已经具备入党入团条件的归国华侨、侨眷和归侨学生，应照章吸收他们入党入团，不得因有侨汇和与国外家庭亲友的联系而加以拖延或歧视。”

（五）“对归国华侨、侨眷和归侨学生接受侨汇问题，应按中央《关于争取侨汇问题的紧急指示》处理，切实贯彻保护侨汇的政策。”

（六）“凡对归侨学生在就学、实习、阅读参考书籍资料等方面，任意加以歧视和限制的，应予纠正。今后对归侨学生报考学校，应和国内学生一视同仁，并予适当照顾，不得歧视。”

5 月 31 日，中共中央批准中侨委党组的这个报告，并在转发时加了一个批示。批示明确指出：“所谓‘海外关系’的提法，是模糊政策界线，混淆敌我关系的提法，是不妥当的，有害无益的。”并要求有关单位，尤其是华侨、归侨、侨眷占人口中相当比重的省和市，切实地讨论中侨委党组的报告，对因所谓“海外关系”而引起的一系列问题有步骤地加以处理。

这一重要问题的解决，使一度受到损害的侨务工作全面恢复和发展起来。

1958 年以来，民族、宗教工作在某些地区和个别问题上确实存在错误，其表现主要是不重视社会主义革命和社会主义建设过程中的民族问题，忽视民族特点，忽视宗教问题的民族性、群众性和由此而来的长期性，忽视少数民族地区的经济特点，忽视少数民族的平等权利和自治权利，个别地方则损害了少数民族的这种权利。对团结上层的工作也大大放松了，有的地方采取了严重违反政策的手段。例如青海平叛斗争中，过分强调军事打击，忽视政治争取，错将归降人员加以捕办。对寺院中的敌情也估计不当，打击面过宽。据统计，当时错捕错判人数占捕判总人数的84%。

同时，在反对地方民族主义的斗争中，有批判过头、斗争过火的行为。在不少地区，少数民族干部数量下降的幅度相当大，青海1960年与1957年相比下降20.2%，云南下降19.57%，广东海南下降46%。群众正常的宗教活动也受到某种干涉和限制，部分喇嘛、阿訇还俗、还乡，一些地方群众的宗教生活被迫转入“地下”。这些都对党的民族工作造成严重的干扰，使民族关系出现混乱，民族、宗教感情，乃至党群、干群、军民关系等受到严重损害。

1962年4月21日至5月29日，民族事务委员会在北京召开了全国民族工作会议，总结几年来民族工作的经验，讨论今后的工作方针和任务。会议发扬民主，畅所欲言，在肯定民族工作成绩的同时，也提出了很多的意见、批评和建议，反映出了民族工作中的不少缺点、错误和问题。

会议认为，在有些地区和有些问题上，错误是很严重的，“主要是不重视社会主义革命和社会主义建设过程中的民族问题，忽视民族特点，忽视宗教问题的民族性、群众性和由此而来的长期性，忽视少数民族地区的经济特点，忽视少数民族的平等权利和自治权利，个别地方是损害了少数民族的这种权利，对团结上层的工作也大大放松了，有的地方采取了严重违反政策的手段。看来，大汉族主义的思想在一些地方有了滋长”。

会议研究提出了今后五年内对少数民族地区（主要是各级自治地方）的工作方针，这就是：“依照中央和毛主席的政策，调整民族关系，加强民族团结，调整各民族内部各阶级和阶层间的关系，加强工农联盟，加强同一切爱国民主人士的团结，以便调动和发挥各少数民族人民的积极性，集中力量恢复和发展农业生产，牧业区发展牧业生产，林业区发展林业生产，逐步恢复和发展经济，改善人民生活。”

会议把提出的比较重大的问题，列了十多项，包括：（一）关于撤销、合并了的自治地方的处理问题；（二）关于建立自治州和自治县的问题；（三）关于改变自治地方党政合署办公、党政不分的问题；（四）关于自治地方财政权限的问题；（五）关于培养、提拔和使用少数民族干部的问题；（六）关于精简问题；（七）关于宗教上层的问题；（八）关于宗教方面的问题；（九）关于散居少数民族的工作和恢复民族乡的问题；（十）关于民族区工作的方针问题；（十一）关于贸易、教育、卫生和山区生产的几个具体问题。同时提出了处理意见，报请中央确定。

中共中央批准了会议的报告和提出的意见。中央批示要求各有关党委和政府，认真检查解决工作中存在的问题，并强调指出：“宗教问题，是一个具有广泛群众性的问题，在许多少数民族中，宗教问题同民族问题密切联系在一起，必须长期坚持宗教信仰自由政策。应该按照群众宗教生活的实际需要和意见，处理少数民族宗教上存在的问题，让群众的宗教活动恢复正常。”

这次民族工作会议的召开，比较全面地清理了1958年以来几年中发生的“左”倾错误，使民族工作重新恢复和加强。

在这种调整关系、纠正“左”倾错误的空气下，1961年10月起，班禅额尔德尼·确吉坚赞副委员长考察了青海、新疆等地，根据青海存在的问题，联系到西藏的一些情况，于1962年5月写成了一份《关于西藏总的情况和具体情况以及西藏为主的藏族各地区的甘苦和今后希望要求的报告》（即《七万言书》），系统地、直言不讳地提出了他对西藏及其他藏区工作的批评和建议。

周恩来接到报告后，非常重视，召集有关部门负责人研究，认为班禅副委员长的大部分意见和建议是好的，是可以采纳的。遂指定李维汉主持，各有关方面人员参加，讨论和制定了针对《七万言书》提出的问题的四个重要文件：《加强自治区筹委会工作，改进合作共事关系》《关于继续贯彻执行宗教信仰自由政策的几项规定》《继续贯彻执行处理反叛分子规定的意见》《培养和教育干部》。这些文件规定，“应当在党的领导下，进一步明确党政分工，加强政府工作”，“筹委和专署（包括所属各部门）的行文必须使用两种文字，并逐步做到各级政府和业务部门的行文皆使用藏汉两种文字”；“对寺庙和宗教职业者的要求和标准：爱国守法，走社会主义道路，不提过高的要求”；“细致地又稳又准地对现押案犯继续做好甄别清理工作”，“确实属于错捕、错判的案件，应当一律平反，死了的要恢复名誉”；“必须逐步创造条件，使各级政府的负责职务逐步由藏族干部担任”。基本精神是要求进一步落实党的民族、宗教政策，纠正平叛扩大化错误，加强对民族干部的培养教育。随后，西藏自治区成立四个小组，由班禅副委员长负责落实宗教政策，阿沛·阿旺晋美副委员长负责纠正平叛扩大化错误。这些措施，比较全面地清理了1958年以来发生的“左”倾错误，调整了民族政策和宗教政策，初步理顺了民族关系，使民族工作得以重新恢复和加强，这对于增进全国各民族的团结，安定人民生活和促进经济发展，无疑起了积极的作用。

1958年“大跃进”以来，党内党外进行了多次反对所谓右倾的批判斗争。这些政治思想上“左”的批判，对经济建设上“左”倾错误的发生和加剧，起了不良的影响作用。调整国民经济，纠正经济建设上的“左”倾错误，必须解决党内外过左斗争的问题。1961年5、6月的北京中央工作会议上，毛泽东在讲话中说，1959年不该把反右倾斗争搞到群众中去，提出要对几年来批判和处分错了的干部、党员甄别平反。会议决定开展甄别平反工作。1961年6月15日，中共中央发出《关于讨论和试行〈农村人民公社工作条例〉（修正草案）的指示》，其中规定：“为着发扬民主，有必要对于最近几年来，受过批判和处分的干部和党员，实事求是地加以甄别。”“过去批判和处理完全错了的，要改正过来，恢复名誉，恢复职务；部分问题批判和处理错了的，就改正这一部分问题的结论。对于生产大队和生产队的干部的处分，应该交给群众审查。至于错误地对群众（包括富裕中农在内）进行的批判，应该在适当场合向他们道歉，如果作了错误处分的，还应该纠正。”《指示》并规定：“今后在不脱产干部和社员群众中间，不许再开展反对右倾或者‘左’倾的斗争，禁止给他们戴政治帽子。”由此开始了从农村到各界各方面甄别平反的工作。

7月19日，中共中央在《关于自然科学工作中若干政策问题的批示》中，又指示在知识分子中开展平反工作，《批示》指出：“在反右派斗争以后，各单位对一部分知识分子进行的批判，要加以清理。”“凡是批判错了，或者有一部分错了的，都要甄别事实，分清是非，纠正错误，由党的负责干部采取适当方式向他们讲清楚，戴错了帽子的要摘掉，以利于解除思想疙瘩，发扬民主，增强团结。一定要使知识分子敢于讲真话，畅所欲言，言者无罪，闻者足戒。”并指示：“在学术工作中，一定要百花齐放、百家争鸣，不戴帽子、不打棍子、不抓辫子。”

甄别平反的工作，进行到1962年上半年时，已经取得一些进展，但是发展得很不平衡。有的地方领导干部和领导机关决心大、方法对，进度快，收效也大。党员干部的思想水平提高，党内团结加强，干群关系也密切了，有力地促进了工作和生产。但是，也有些地方贯彻执行不力，有些负责干部对甄别工作重视不够，甚至有抵触情绪，工作方法不对头，甄别工作进展缓慢。

为了推动这一工作的深入进行，在邓小平主持下，中共中央书记处于1962年4月27日制定和发出了《关于加速进行党员、干部甄别工作的通知》。要求“对于党员、干部的甄别平反工作，必须根据扩大的中央工作会议的精神，加强领导，加速进行”。①

《通知》指出：“当前甄别工作的重点，是县级以下的农村基层干部。凡是在拔白旗、反右倾、整风整社、民主革命补课运动中批判和处分完全错了和基本错了的党员、干部，应当采取简便的办法，认真地、迅速地加以甄别平反。”方法是“由上一级党委派负责同志，帮助所在组织摸清被错批判和错处分的党员、干部的情况，召集他们开会、谈话，然后召开干部大会或党员大会、群众大会，宣布一律平反。其中即使有的有些轻微错误，也不要留尾巴。有关领导干部应该当场向被错批判错处分的党员、干部进行道歉。上级党委应派人参加平反大会，说明错误的责任主要在上级，号召卸掉包袱，加强团结，搞好工作和生产。”《通知》要求迅速解决基层干部和一般党员这批人的平反问题之后，“集中力量比较快地解决县以上一些人的甄别平反工作”。

为了推动这一工作，邓小平在1962年5月中央常委工作会议上又作了专门的讲话。他说：请大家注意，最近中央发了一个关于甄别平反工作的文件。这个问题对于调动干部的积极性，特别是调动农村县以下干部和群众的积极性很重要。所谓甄别平反的问题，主要是干部。可是每一个干部都影响群众，

① 《建国以来重要文献选编》第15册，中央文献出版社1997年版，第361～362页。

实际上是影响很大部分的群众。全国估计总有1000万，影响的人总有几千万。最近军队搞得很好，就是一揽子解决。采取一揽子甄别平反方法的，比较主动，面貌也比较好一些。因此，我们现在研究，大家都赞成这个办法，就是全国县以下，首先是农村，来一个一揽子解决。就是说，过去搞错了的，或者基本搞错了的，统统摘了帽子。（刘少奇插话说：不要一个一个去甄别。）因为县以下都是一些下级干部，问题只有那么多，右倾也是右倾到那个程度，“左”倾也只“左”倾到那个程度。这是一个很重要的工作，不要轻视这个工作。除了个别严重的个别处理外，一般的，包括基本上搞错了的，就是对有一点点还对的，都不要留尾巴，一次解决。上面的领导同志，要下去帮助他们承担责任，向群众当面公布，这实际上是我们承认一个错误，是搞得不对。

邓小平喜欢用“一揽子”这个词。“一揽子”体现了他对历史问题不纠缠细节，放眼长远，总揽全局的大气魄。邓小平在后来解决中印边界问题时也是用的这个词。“文革”结束后，他在处理许多重大历史问题时，也是按照“一揽子”的原则解决的。

甄别平反工作有了全面的进展，到1962年8月，全国23个省、市、自治区已甄别党员、干部365万人，当时认定，原结论错了和部分错了的占70%。甄别了群众370多万人，都得到了平反。总共甄别平反了600多万党员、干部和群众。但是，这一工作因不久后的中共八届十中全会批判所谓“平反风”和重新提出抓阶级斗争，没能十分彻底地进行下去。某些被上层“钦点”过的案子，更是甄别平反的“禁区”。因小说《刘志丹》而被株连的情况，1979 年 2 月 1 日《解放军报》曾刊文作了如下揭发：

> 习仲勋同志，撤掉了副总理职务，被审查了 16 年，关押了 8 年；原经委副主任贾拓夫同志被撤职下放，“文化大革命”中被害死在（北京）郊外。劳动部部长马文瑞同志，“文化大革命”中被关押 6 年。一机部部长白坚同志，在一机部被斗争，说是因为他为小说提供了“炮弹”。湖南省劳动局的副局长刘宗焕同志，被沉在河里，含冤而死。原工人出版社的社长高雨生同志受尽肉刑，折磨致死，该单位的吕宁同志被打成内伤；周增林同志受了电刑；该书的责任编辑何家栋同志全家被赶到乡下，6 口人只给 30 元生活费，母亲和两个儿子在贫困中病死了。给作者带过路的陕北群众王悦贤、刘景华被迫害致死，陕甘边界揪出的所谓“彭、高、习黑爪牙”达一万多人。就连习仲勋同志在饭店里吃了几次饭的一个饭店经理，也遭逮捕，说他是习的“地下交通员”。由这个经理，株连到烤鸭店的经理、湖南饭庄的经理。仅这个行业，株连五十几户，逮捕十几人，死了五六人。

四、农村包产到户的出现及争论

◎震撼全国的“信阳事件”

◎亿万农民的伟大创造

◎包产到户大见成效

◎毛泽东对包产到户的态度

◎钱让能等人上书

◎中央高层对包产到户的支持

◎邓子恢再度呼吁支持“责任田”

◎毛泽东的秘书田家英支持包产到户

三年困难时期，农村是这场大灾难、大风暴的中心。由于违背了生产关系必须适应生产力发展水平这一经济规律，从1959年起，全国的粮、棉、油等主要作物产量，连续大幅度下降。农业生产力遭到严重破坏，仅以大牲畜为例，1961年全国农用役畜从1954年曾达到5724万头的最高数下降为3818万头，低于1949年4040万头的数量。全国人口总数在1959年和1960年减少了1300万。粮食供应紧张，灾情还在发展，党中央1962年3月的通报指出：由于新的春荒，灾区已经成批发生断粮、缺柴、逃荒现象，而且有发展之势，全国大中城市在依靠进口粮食过日子。

河南省的重要粮棉产区信阳地区，在50年代末“大跃进”时期，曾因浮夸风、“共产风”造成大量人口非正常死亡，成为举国震惊的“信阳事件”。时任中共信阳地委副书记、行政公署专员的张树藩，30 年后在病榻上回忆了这一事件：

> “信阳事件”的根子源起 1958 年河南大搞打击“右倾机会主义分子”运动，当时批斗了一大批说实话办实事的党员、干部。从此，很多人都瞪着眼说瞎话。1958 年夏收，当时遂平县委副书记，将一块亩产四五百斤的小麦浮夸成 3200 多斤。随之，西平县城关公社出现了亩产小麦 7320 斤的更大浮夸典型。我不相信，亲自到现场察看，证明并不真实。就在这时，继《河南日报》之后，《人民日报》也大登特登亩产几千斤的消息，还发了号外。从此以后，谁要说是假的就挨批斗，于是浮夸风越刮越大。不过，1958 年毕竟是大丰收，群众生活没有出大问题。
>
> 到 1959 年，信阳地区出现了百年不遇的大旱灾，秋粮眼看着大面积歉收或无收。但地委 9 个常委估产时，8 个人认为 1959 年是特大丰收年，粮食产量是 72 亿斤，只有我一个认为今秋是个大歉收年，全区总产大概就 30 多亿斤，最多超不过 40 亿斤（后来证实只有 20 多亿斤）。8 月底 9 月初，省委召开贯彻庐山会议精神的扩大会议。省委让各地市委书记预报秋收产量。我先将地委集体讨论定的 72 亿斤总产说了，接着谈了我在地委常委会议上谈的意见。这便引起省委对我也有了看法。但当时我仍在会上提出，我们共产党人在什么情况下都要实事求是，虽然这次省委扩大会议是反右的，但不能因为怕反右就不实事

求是。

会后，省委仍按1958年大丰收的标准征购秋粮。信阳地区将农民的口粮、种子粮都交了征购，才完成了16亿斤。秋粮刚收购完，很多地方群众就没饭吃了，开始出现逃荒要饭的现象。很多食堂开不了伙，群众无奈，只能在家里煮红薯叶、野菜充饥。干部发现后把他们的锅给砸了，群众就外出逃荒。地委认为这是破坏“大跃进”，就让各县市在各路口设岗拦堵群众，不准外逃。当时地委不仅没有认识问题的严重性，反而认为是有人将粮食瞒藏起来了，于是决定在全区开展反瞒产运动。我分工到西平、遂平两县开展反瞒产工作。我下到两个公社看了一些生产队的群众生活，发现群众手中确实已经没有粮食，仅吃点红薯、野菜等，不少群众脸上已出现浮肿。看到问题很严重，我当晚就到遂平县委召开常委会议，让他们先拿出县里超征购的700万斤粮食解决群众生活问题。有人提出动用国库粮食需请示省里批准，我说来不及了，等请示批准后再拿出来会饿死人的，一切问题由我负责。我跟县委商定后，一方面让我的秘书余德鸿给地委书记路宪文写报告，一方面开仓放粮安排群众生活，使这个县基本上没有饿死人。

可是，其他县却都说反出了瞒产几千万、几亿斤不等的粮食。一些所谓瞒产粮食，其实就是粮圈上边一层稻子，下边全是稻壳子。类似这种情况在很多地方出现，这就把群众置于死地。群众写信到省委，被转回地委让严肃处理，结果有的被逮捕法办了，有的党员被开除了党籍。有一个党支部23个党员饿死了20个，剩下的3个党员，给省委写了一封血书，请求省委救救村民，此信也被省委秘书长扣压并要查处。当时地委书记路宪文在省委支持下，还专门让各邮局把关，扣压反映情况的信达12000多封。

9月底，我被定为“严重右倾错误”戴帽批斗，停止工作，开仓放粮便是我的一大罪状。余德鸿也受牵连没工作做。他在半个月里回淮滨县老家两次。第一次回家埋大爷大娘，第二次回家是埋父母。4个老人家全都是没有吃饿死的。我追问他村里饿死多少人？余说他没多出家门，光知道他们村西头就饿死一半多，有不少户饿死都没有人埋。余离开后，我当即跑到地委，请地委立即采取紧急措施挽救。地委仍未采取紧急措施，始终不敢承认是饿死的，全区统一口径都说是瘟疫传染而死的。当时省委并不是不知道信阳地区的问题，省委主管财贸的副书记就曾在信阳到潢川县的公路两侧看到过几个饿死的人，省纪委书记回信阳地区新县老家时，也在路上看到过死人没人埋和乡亲的饥饿情况。但那时人人自危，谁也不敢坚持原则，不敢出来为人民说句实话。

我被批斗两个月后，才被路宪文安排出来陪中央内务部来的郭处长下去看看情况。到了息县、淮滨两个县，郭处长看到灾荒十分严重，就问我到底饿死了人没有。我说有，而且还不少。郭处长问饿死了多少人，我说估计在20

万到30万之间。郭处长一听就感到问题太严重了，只待了两天，就回内务部向部领导谈了我说的话。部领导马上就让他向国务院秘书长习仲勋汇报。习仲勋同样感到问题严重，又向中央纪委书记董必武做了汇报，董老马上派李坚、李正海两个处长到信阳地区调查3个月，最后结论是饿死的数字比我估计的要多好几倍。

在中纪委两位处长把问题报告党中央后，中央从各部委抽调数百人到信阳地区，分别到各县、社任县委书记、县长、公社书记、主任等。原地委书记路宪文被停职检查，其他副书记、部长靠边检查，原有9个地委常委仅留下我和纪委书记邱进敏没有动。到1960年2月，信阳地区大量饿死人的状况总算制止了。①

“信阳事件”是当时“大跃进”带来后遗症的典型，其他省区也程度不同地存在着类似的问题。1960年全国出现了大旱灾，饥荒蔓延到全国，造成大量的非正常死亡。35年后，据国家统计局原局长李成瑞分析，认为“三年困难时期”中国非正常死亡人口应约为2200万（李成瑞：《“大跃进”引起的人口变动》，《中共党史研究》1997年第2期）。另，关于“大跃进”引起的非正常死亡人口究竟有多少，由于当时的户籍登记数中有不少遗漏，故而长期以来众说纷纭。美国著名人口专家科尔教授在1984年出版了《从1952年到1982年中国人口

① 《百年潮》，1998年6期。

的急剧变化》一书，估算我国1958年到1963年间非正常死亡人口约为2700万。严峻的形势使中共中央在采取一系列紧急措施的同时，不得不高度重视农业、农村和农民问题，不得不考虑重新调整农村政策，迅速采取促进农业生产发展的相应对策。1960年5月15日，中共中央发出《关于农村劳动力安排的指示》，做出了充实农业生产第一线的规定，要求农村60%～65%以上的劳动力要用于农牧业生产，农忙季节要达80%以上。8月10日，中共中央又发出《关于全党动手大办农业大办粮食的指示》，除进一步明确“三级所有，队为基础”，按劳分配，反对一平二调的“共产风”外，特别强调改进经营管理体制，恢复和完善合作化初期的“三包一奖”生产责任制，以调动农民日益减退的生产积极性。然而，由于当时仍是以生产大队为基本核算单位，生产权在小队，分配权却在大队，因此队与队之间的平均主义不可能得到解决，同时，同一作业小组内人与人之间也还存在着平均主义，“大锅饭”之后又出现了“二锅饭”。

时间到了1962年春，中央估计：粮食困难不仅将影响当年春耕和夏收，影响农业恢复，影响整个国民经济调整，而且很可能会在一部分灾区和城市中出乱子。于是一个在农村集体经济中进行调整，采取包括中央一些领导同志所说的“紧急措施”在内的一切办法，以恢复农业生产的任务，便不可回避地提到全党和全国人民面前了。所谓“紧急措施”，就是指在生产管理上要敢于突破老框框，采用适合当前农业生产水平，又能调动农民积极性，与公社化后农村社、队中通常是干活“大呼隆”的集中劳动方式不同的生产责任制。

在农村集体经济中建立生产责任制，并非创始于60年代，早在全国农业合作化后不久就出现过。这是农民为实行按劳分配，对合作社经营管理的创造。1957年春天，一些地区就搞过“按劳划片，包产到户”、“全部或大部农活包工到户”以及“地段责任制”等几种生产管理的责任形式。1957年9月，中央农村工作部认为，经营管理中的这些新形式，对于巩固合作化成果，在集体经济中切合实际的贯彻按劳分配原则是有利的，因此，根据群众的要求规定：“生产队……按照各地具体条件，可以分别进行‘工包到组’、‘田间零活包到户’的办法”，以“适合于农业生产的分散性，以及受自然限制的地区性和季节性”等特点。提倡“大活集体干，小活分开干，不应‘干活一窝蜂’，责任不明，耕作粗糙”。这一政策规定，曾写进了经党中央批准的《中央关于做好农业合作社生产管理工作的指示》。可惜的是，这种来自基层的新鲜经验和干部、群众宝贵的创造精神，由于受党内“左”的错误影响，被忽略而没有贯彻。1958年1月的南宁会议批判了周恩来、陈云领导的“经济建设战线的反冒进”后，掀起了“大跃进”风潮。中央农村工作部以及由其代中央制定的许多政策，被称为“促退”派，责任制也被说成是“单干”。到人民公社运动兴起后，包括责任制在内的许多经营管理规定都一风吹了。

安徽是元末农民起义军领袖、后来建立明王朝的朱元璋的家乡。这位出身贫苦的农民曾经流浪他乡，为了生存还当过和尚。在那动荡的年代里，他通过努力改变了自己的命运，也改变了历史的进程。

朱元璋穷则思变的遗风，流传给了他的后代和同乡。全国各省区出现的各种形式的农业生产责任制中，安徽省是实行“责任田”的一个典型。安徽的“名气”之所以大，主要是因为当时担任省委书记的曾希圣曾经大力支持，加上全省有组织地推行，安徽的农业生产责任制不仅规模大、时间长，影响也大。

安徽省实行的责任田办法，酝酿于1960年秋，试点于1960年底，形成于1961年春，经历了一个包产到队——包产到组——包产到户的发展过程。当时，为遏制农业的滑坡，中共安徽省委提出按社员的劳动底分承包耕地，按实际产量计工分，产量越多，得分越多，收入越高。这可以说是责任田的雏形。

当时发生了一件震动全省的事情。宿县一位70多岁的老农，儿子因病不能参加劳动，本人又不肯当“五保户”，于是向公社党委书记要求带儿子上山开荒、种地和休养。父子俩靠一把铁锹和一把四齿钩，开荒16亩，收粮3300斤，扣除自用，上交粮1800斤，现金60元。因此，他建议最好把田包给社员去种，生产就可以搞好。这个老农的事迹，使当时担任安徽省委书记的曾希圣很受启发，他曾多次表扬这个老农是很有社会主义觉悟的人。他认为“包产到户”是来自群众的创造，应该推广。后来，蚌埠地委派人在怀远县曹老集公社搞了一个试点。

全椒县古河乡的几个农民，也向华东局负责人柯庆施提出了“把田包给我们种”的要求。于是省委派了一个工作组，到合肥市蜀山公社南新庄小队进行“按劳动底分包耕地，按实产记工分”联产到户的试点。结果受到群众的普遍拥护，这个队的粮食包产指标由原来的8.7万斤增加到10.7万斤，增长23%。这种责任田的做法，有分也有统。统，即“五统一”：计划统一、分配统一、大农活和技术性农活统一、用水管水统一、抗灾统一。试点尚未结束，邻近的生产小队纷纷要求照办。

曾希圣是在安徽实行“责任田”的大力倡导者和推行者。

曾希圣有着传奇式的革命斗争经历。早在1932年，他便在周恩来身边工作，参与创建了中央军委负责军事情报工作的中央军委二局，并任第一任局长，为红军粉碎敌人围剿立下了奇功。1944年，他任活动于皖江地区的新四军七师政委。战争年代，他性格刚烈，爱发脾气，加之不修边幅，满脸的络腮胡子，更觉威严可畏，颇有军人气度，在皖江地区享有很高威望。新中国成立后他回到安徽，一直任中共安徽省委第一书记。1958年，曾希圣以其军人特有的战斗作风，坚决贯彻中央决策，将安徽的“大跃进”和人民公社化运动搞得轰轰烈烈。毛泽东在视察安徽“大跃进”时，欣然命笔：“沿途一望，朝气蓬勃，肯定是有希望的，有大希望的……”

正当曾希圣的事业达到顶峰时，安徽的问题却迅速显露出来，出现了灾难性局面：农业产量大幅度下降，粮食极为短缺，农民群众生产积极性低落，生产发生严重困难，特别是出现了大量“饿、病、逃、荒、死”的现象。曾希圣了解农村实际情况以后，深感失职、内疚、痛心。

1960 年 8 月 28 日，曾希圣在省委召开的县以上干部工作会议上明确指出："要评工记分，要包工包产。包产问题，我提出一个新的意见，就是生产队下划分三个小组，分别包产，一组包口粮，一组包饲料，一组包商品粮。好处是各有责任。"不久，他进一步指出："生产队下面均应设生产组，避免生产大呼隆……社员凡超过基本工分的，都可以适当予以奖励。每月结算一次，按月发奖。"这个办法后来引入了曾希圣主持制定的有关人民公社经营管理的 10 条具体政策中，并以省人民政府的名义布告全省。各县均召开了有生产组长参加的六级干部会，进行了传达贯彻。

1960 年 11 月，安徽省委为贯彻中央《关于农村人民公社当前政策问题的紧急指示信》（即"12 条"），召开地、市委书记会议。曾希圣在会上强调："我们是三级半所有制，小组有半级所有，实际上是加强生产责任制，包产问题仍实行双包制。就是小队向大队包产，小组向小队包产。"1961 年 2 月，在省委书记处会议上，曾希圣提出了"按劳动底分包耕地，按实产粮食记工分"的联产到户责任制新办法。书记处对此进行了研究，同意他的观点，赞成他的设想。曾希圣决定进一步搞试点。1961 年 2 月下旬，曾希圣带工作组到合肥市蜀山公社井岗大队南新庄生产队，进行"按劳动底分包耕地，按实产粮食记工分"联产到户的试点。通过试点，他进一步加深了对这一办法的认识，并总结出有以下十大好处（也称为十大优越性）：

（一）人人有责，大家都会动脑筋想办法来增加生产。

（二）所有能够参加劳动的人都参加生产。

（三）人人都要努力学习生产技术。

（四）自留地和大田在用肥方面能够统筹兼顾，消除矛盾。

（五）社员能够更好地安排自己的劳动时间和休息时间，更好地做到劳逸结合。

（六）大家都会更加爱护耕畜农具。

（七）能够保证农活质量，不窝工，不出废活。

（八）能够限制那些投机讨巧的人。

（九）户户都会更好地培养丰产田，并且能够更加做到精收细打，颗粒不丢。

（十）能够更快地发展养猪养家禽，以及其他家庭副业。

安徽“责任田”的具体做法是：根据省委的有关规定，首先必须坚持五个统一，即计划统一，分配统一（当时指队统一分配），大农活和技术性农活统一，用水、管水统一，抗灾统一。这说明，“责任田”的做法，是在坚持基本生产资料公有制的前提下，把土地、产量包到户或组，以加强社员的责任心，提高社员的生产积极性，迅速恢复与发展农业生产。由于“责任田”办法是从群众中来，到群众中去，既反映了群众的愿望和要求，又符合当时生产力发展的水平和干部的管理水平，因而受到绝大多数干部和群众的拥护和支持，安徽农业生产力和产量大幅度提高。

在试点取得显著成效的基础上，曾希圣决定在全省推行“责任田”办法。到 1961 年 3 月，全省实行责任田的生产队占总数的 39.2%；同年 8 月，增至总数的 74.8%；两个月后，又增至84.4%。大量事实表明，实行“责任田”效果显著。据省有关部门1961年10月对36个县的典型调查，实行“责任田”的36个队，粮食平均亩产比上年增长38.9%；另外36个条件大体相同但未实行“责任田”的队，平均亩产只比上年增长12%。1961年底，鉴于当年的试验成果，以及当时毛泽东并未明确表示不同意，安徽省委决定继续实行“责任田”办法，并强调要抓好“五统一”。此时，安徽全省实行责任田的生产队已占生产队总数的90.1%。

但是，在同年3月广州中央工作会议上，安徽的做法受到批评。4月27日，安徽省委又向中共中央、毛泽东和华东局作出报告，把这一办法改称为“包工包产责任制”，对它的包工、包产和奖赔内容作了进一步的说明。

但是曾希圣又不得不在毛泽东的指示与农民的要求之间寻找平衡。7月24日，安徽省委再次向中共中央、毛泽东和华东局作“关于试行田间管理责任制加奖励办法”的情况报告。报告说，自今年3月试行这一办法以后，到4月下旬，就有39.2%的生产队实行了这个办法。夏收以后，又有不少生产队自动采用这个办法，现已增加到66.5%。因此，这个办法是受广大群众欢迎的。“经过几个月的试行，看来这个办法是不违背社会主义原则的，是可行的。”因为：第一，“这个办法不是‘包产到户’，不是单干”，“它并没有违背集体经济的基本原则”，它“只是社会主义经济的一种管理方法，它并没有改变生产资料的所有制，土地、耕畜、大农具仍然是集体所有的”。第二，“这个办法是不会造成两极分化的”。第三，“这个办法不会加重社员的私心”。总的说来，这个办法“是适合当前生产力的发展水平和群众的觉悟水平的，是符合当前农业生产以手工操作为主的特点的。只要正确地贯彻执行，是能够发挥对组织和推动生产的积极作用的”。

7月，曾希圣又一次在蚌埠向毛泽东汇报了“责任田”问题。他说：“过去包产的办法，只有队长一个人关心产量，社员只关心自己的工分，现在的办法不仅队长关心产量，而且每个社员也关心产量。田间管理，长年包工好处很多。缺点是：（一）可能私心重；（二）年年要调整，增减人口都要调整责任田。”毛泽东回答说：“你们认为没有毛病就可以普遍扩大”，“如果责任田确有好处，可以多搞一点”。于是，曾希圣迅速打电话给省委说，已经通了天，可以继续试行下去。

“责任田”作为一个不违背中央基本精神又能较好地调动农民生产积极性的办法，其影响远远超出安徽省。

不仅中央主持农业工作的负责人赞成包产到户，各省、地、县都有相当一批领导干部赞成这一办法。由于曾希圣和安徽省委的据理力争和实践结果较好，中共中央办公厅向各地发了一个通知：关于“责任田”的问题，各省可以搞点试点。中共江西省委第一书记杨尚奎很欣赏曾希圣的创见，布置省和各地区都要搞一个试点，并亲自到星子县搞了一个试点，“责任田”因此一度被视为有着广阔前景的农业生产责任制形式。

为了调动被严重挫伤的农民的生产积极性，渡过面临的困难，各省、市、自治区几乎都有一些地方实行了包产到户的生产责任制或其他类似的做法。这些做法大致可以分为两类。第一类是湖南、河南和甘肃省的“借地”。湖南等省的“借地”措施，是类似包产到户的做法，不同的是产品不参加统一分配，所借土地不实行包工包产，借地的面积也比较小。1961年8月，湖南省委发出了关于借冬闲田给社员生产的通知。通知指出，凡是集体单位不能充分利用的冬闲田地，允许借一部分给社员个人种植冬菜或冬种秋收作物，并允许社员在绿肥田中间种冬菜。其数量，一般地区大体每人可借1至3分地；在灾区大体每人可借3至5分地。借出冬闲田的收入，全部归社员所有，一般也不抵顶口粮。在随后的发展中，有的地方实行了分田到户，有的实行了“井田制”，有的实行了包产到户。其基本做法都是生产资料仍为集体所有，生产以户为单位进行，以户为单位摊派负担。生产队不实行统一的生产计划、统一的劳力调配。全省实行这类办法的生产队只占总数的5.5%。

河南省的“借地”，实行时间较晚，1962年春天才开始在“土地碱化严重、耕牛死亡严重、人口外流严重”的“三严重地区”实行。做法是，由集体借给一部分土地（约人均6分至8分地，加上自留地，约1亩左右），国家支援一把铁锹（共支援铁锹100万把），发给一点种子，在集体的领导下实行生产自救。这类地区，包括豫北、豫东的22个县，大约400多万人口。同年夏天，省里决定将少量早秋地借给社员种红薯，以3年至5年为期，收获顶口粮，不计征购。执行结果，“三严重地区”借地加自留地占总耕地面积的28.6%；一般地区占16.5%。全省39.8万个生产队除6000个外，基本上都实行了“借地”的办法，从而使生产秩序好转，群众情绪稳定，抛荒土地减少，生产得到发展。农民称这一措施为“救命政策”。

1962年5月，甘肃省委也做出“借地”的规定，提出“重灾区完不成播种计划的少量耕地，可以暂借给社员耕种。一般地区，在保证完成生产队播种计划的前提下，如果还有多余的土地，可以暂借给社员耕种”。借种期限一般为一年。由于有些耕地需要经过较大的加工，也可以把借种时间放长到两年或三年。社员在借种期内所收获的产品，谁种全部归谁，也不负担征购任务。

第二类是浙江、江苏、陕西、甘肃、四川、贵州等省实施的不同形式的包产到户。在广西，龙胜县的大范围包产到户是有相当影响的一件事情。广西龙胜的包产到户，在中南地区各县中是实行范围最广的。龙胜是一个多民族聚居的自治县，人多地少，山高坡陡，居住分散，加之一平二调“共产风”的危害，74%的大队人均口粮在300斤以下。群众为解决温饱问题，自发搞起包产到户，将全部耕地按人头或劳力或人劳比例，包工包产到户。实行这种办法的生产队，占总数的43.4%。还有11.4%的生产队，按人口或按基本口粮将田地分到户，各交各的公购粮。上述两类生产队占总数的54.8%，故有“半个县都包了”的说法。1962年夏天，当时的中南局第一书记陶铸、第二书记王任重前往考察，同区、地、县负责人进行了座谈。随后形成的《座谈纪要》，分析了包括包产到户在内的五种生产责任制形式，并就如何区分集体经济与单干提出了四条最基本的界限：一是主要生产资料集体所有；二是生产计划统一安排；三是集体劳动；四是收入统一分配。集体劳动主要是指劳动力由生产队统一调配，适合集体操作的农活集体操作，适合一个人操作的一个人操作。《座谈纪要》强调：第一，目前出现的各种生产管理形式，要根据上述四条原则准确地判明它究竟属什么性质。对确属于单干的，如果他们一定要再试试，我们也只有等待，不能强迫。第二，从各方面巩固集体经济。集体和单干，正在进行竞赛，只有赛过单干户，集体经济才有可能巩固。这份《座谈纪要》受到了毛泽东的称赞，他指出："这个文件所作的分析是马克思主义的，分析之后所提出的意见也是马克思主义的。"

这些办法是在生产和生活极困难地区，由农民提出并得到当地党委同意或默许而搞起来的。在1961年和1962年前后，农业生产经营管理中的这些新形式，在不少省份和地区都有出现。其内容大致与安徽的责任田相似，1962年后有的地区还有某些新的发展。

三年困难时期，围绕着怎样解决农村问题，存在着不同思路。占主导地位的思路是在肯定人民公社体制的基本框架内，对具体政策及人民公社内部的层次关系进行局部调整，最终确定为"三级所有，队为基础"的模式。但在这一调整过程中，一些地方突破了既定的模式或提出了新的思路，如实行"责任田"、"三包到组"等与包产到户较接近的做法，有的干脆实行包产到户。这些做法甚至得到了相当部分中、高级领导人的直接支持、认可和领导。

包产到户毕竟与人民公社体制存在难以调和的矛盾，且在1957年、1959年两度作为"单干"和"资本主义道路"遭到批判，所以，包产到户或类似的做法一出现，在全党上下就产生了不同意见和争论。毛泽东的态度也有一个变化过程。

经过1957年、1959年两次批判后，包产到户等于“单干”，亦等于“走资本主义道路”的看法广为流行，成为大多数人的共识。1961年3月广州中央工作会议期间，当曾希圣介绍了安徽“责任田”办法后，不仅未得到应有的赞赏，反而遭到一片批评。反对者给“责任田”列举了“三大罪状”：一是“单干”违背了社会主义集体经济原则；二会造成“两极分化”；三“会加重社员的私心”。如果发展下去，将会损害社会主义集体经济。安徽邻近没有推行“责任田”的省份担心安徽的做法会造成本省群众“人心混乱”，而表示对安徽不满。在曾希圣和安徽省委的再三努力下，毛泽东允诺安徽的“责任田”可以试一试。毛泽东同意安徽可以试一试，主要有两个原因：一是农村的形势异常严峻，毛泽东只是将“责任田”办法作为一种迫不得已的应急手段。二是毛泽东当时正在寻求解决队与队之间的平均主义问题的办法。曾希圣和安徽省委再三强调“责任田”不改变生产资料社会主义集体所有制的性质，它只是社会主义集体经济的一种管理方法，可以克服平均主义，调动社员的生产积极性，所以毛泽东同意安徽试一试看。当然，同意试一试看，并不等于他认为这就是好办法。因为，毛泽东的思路是要在由队、生产大队和社三级组织构成的人民公社体制的框架内寻求解决平均主义问题的办法。这一办法在1961年9月“邯郸会议”上受到启示并最终明确了。

在“邯郸会议”上，围绕农村核算单位问题，与会者谈到一些地方实行生产队“大包干制”，并引起了争论。反对者认为“大包干”：一是退到初级社；二是不利于基建；三是征购辫子太多（有些遭灾队不易支援）；四是不利于向机械化发展；五是要变动时困难太多。最后，在“责任田”和“大包干”这两种责任制之间，毛泽东倾向于后者，并确定了“三级所有、队为基础”的基调。

随着关于“三级所有、队为基础”思路的基本明确，毛泽东对类似于包产到户的“责任田”的态度便发生了变化。1961年8月24日，中央农村工作部在《各地贯彻执行60条的情况和汇报》中，将包产到户或类似于包产到户的做法称为问题，并予以否定。9月6日，毛泽东作了批示：“此件很好，印发各同志”，并要求对汇报中提出的问题“作一次认真的解决”。9月底“邯郸会议”后，毛泽东和中央正式要求改正包产到户和变相单干的做法。1961年11月13日，中共中央在《关于在农村进行社会主义教育的指示》中做出明确规定：“目前在个别地方出现的包产到户和一些变相单干的做法，都是不符合社会主义集体经济的原则的，因而也是不正确的，在这类地方，应当通过改进工作，办好集体经济，并且进行细致的说服教育，逐步地引导农民把这些做法改变过来。”

同年12月，毛泽东把曾希圣叫到无锡，问他：有了以生产队为基本核算单位，是否还要搞“责任田”？并且用商量的口吻说：生产开始恢复了，是否把这个办法变回来？曾希圣回答说：群众刚刚尝到甜头，是否让群众再搞一段时间？当时毛泽东没有明确表态，但是，毛泽东不赞成“责任田”的倾向已经十分明确。

1962年初召开的七千人大会，本来是一个总结经验、民主团结的盛会，但也人为地设置了一些“禁区”，即要守住两条底线：一是三面红旗不能动；二是庐山会议的案不能翻。在这一背景下，安徽的“责任田”被视为“引导农民走向单干”而遭否定，在安徽一马当先推行“责任田”的曾希圣也因此受到严厉批评。七千人大会后期，在毛泽东提出将会议开成“出气会”后，各代表团纷纷展开批评与自我批评。在1958年“大跃进”和人民公社运动中，安徽的问题较突出，“五风”较严重。因此，安徽代表团开展了“揭盖子”活动。会议对安徽省委第一书记曾希圣的所谓“封锁中央”，“压制民主”的作风进行了严肃的批判，其中的主要问题就是在安徽推行“责任田”。在会上，有人称他为“曾霸王”，有人说他“蛮干”。为了把他批倒批臭，不惜背离事实，针锋相对地提出了“责任田”有“十大恶果”，认为曾希圣推行“责任田”独断专行，封锁中央，是在困难面前惊慌失措，病急乱投医，没有经过试验就强制下面推行，犯了方向性错误。

毛泽东对安徽一直极为关注。“大跃进”中，毛泽东对安徽的“跃进”给予热情鼓励，1961年安徽试行“责任田”，也得到了毛泽东的允诺，但当毛泽东明确了“三级所有、队为基础”的基本思路，对与“一大二公”的人民公社体制不相吻合的“责任田”便开始持否定态度，几次主动让曾希圣不要再搞了，但曾希圣却极力保荐，坚持己见，不愿放弃，毛泽东和中央对此自然会有看法。

在上下批评的压力下，中共中央在七千人会议期间便决定免去曾希圣的安徽省委第一书记职务，将其调离安徽，改组安徽省委，派李葆华任安徽省委第一书记。在七千人大会这样一种民主的气氛下，对曾希圣和安徽省委做出如此大的“组织手术”，可见曾希圣和安徽省委在推行“责任田”方面走得相当远了。

改组后的安徽省委理所当然地很快对“责任田”的做法采取了急刹车措施。1962 年 3 月，安徽省委召开三级干部会议，对“责任田”问题进行了专门的讨论，并由省委常委会通过了《关于改正“责任田”办法的决议》。《决议》认为：“责任田”办法实际上就是包产到户。它是在“五风”严重、农村生产力遭到极大破坏情况下提出的。省委没有按中央“12 条”、“60 条”等指示指导农村工作，却推行了“责任田”办法，“刺激农民的个体积极性”。在 1961 年灾害严重的情况下，“责任田”办法对增加粮食产量起到了一定作用，但它是错误的，不利于发展集体生产，不利于巩固人民公社制度。主要恶果是：（一）严重的单干倾向；（二）产生了两极分化的苗头；（三）削弱和瓦解了集体经济；（四）影响国家征购和生活安排；（五）影响按劳分配原则的贯彻；（六）对基层组织起了腐蚀和瓦解的作用。因此，这个方法在方向上是错误的，犯错误的责任，完全应当由以曾希圣同志为中心的省委来承担。

虽然 1962 年初中共中央召开的七千人大会宣判了“包产到户”的“死刑”，但是“包产到户”等各种农业生产责任制形式符合当时我国农业生产力水平，顺应民心，具有强大的生命力。因此，各地在强行改正的过程中，遭到了广大干部和群众的抵制。当时在苏北出现了这样一则民谣：“入社好，入社好，家无粮，外无草。12 条，60 条，不如包产到户一条。”人民群众不断地向中央上书，要求继续保留包产到户。

人民群众的现实渴望和包产到户的显著成就也使得一些深入实际了解民情的干部不能不为之动容。1962 年 7 月 24 日，中共河南省委书记刘建勋向中央提出实行借地度荒问题的报告。他在报告中说，今年 3 月以来，豫北、豫东地区由于盐碱化十分严重，农业生产受到极大破坏，人民生活极端困难，农民纷纷破产度荒。河南省经中央和中南局领导的同意，决定借给农民一部分土地，给一把铁锹、发一点种子，让他们在集体的领导下生产自救。这样，至少有劳力的户，比较容易渡过灾荒，也就可以逐步压缩粮食销量，减轻国家的粮食负担，稳定生产秩序，对集体生产极为有利。这次借地，在豫北、豫东 22 县范围实行，大约 400 多万人，每人借地 6、7、8 分不等，并规定五年期限，不计征购，但顶口粮。集体经济一时搞不上去的情况下，借少量的地给农民，利用他们的积极性，可能对渡过困难有一定好处。农民称这种政策是“救命政策”、“拴人政策”（可以减少人口外流）。报告说，河南省准备再对借地政策进行调整，根据情况，在一二年或二三年乃至更长时间内将借地收回。

同年 8 月 8 日，张家口地委第一书记胡开明上书毛泽东，提出一份《关于推行“三包到组”的生产责任制的建议》。他说：当前农民生产积极性尚未充分调动起来的原因之一，在于生产队没有建立起生产责任制，计算劳动报酬的方法有问题，从而不能很好地体现按劳分配。而解决这一关键问题的办法，是在生产队组织长期固定的生产组，实行“三包”生产责任制。具体做法是：一、由社员自愿结合，组成一个六、七、八户或六、七、八个劳动力的生产小组，在一般情况下也长期不变。二、生产队把全部土地都分到生产组，耕畜、农具也尽可能分到生产组去使用，在一般情况下也长期不变。三、根据土地好坏，首先进行土地分等，然后计算出全组的土地总产量、总用工和总投资数，签订“三包”合同。包产以外的超产部分，全部归生产组为好。建议认为，实行“三包”的好处是，生产组有了超产部分的分配权，集体的利益和社员的利益就更直接了，所以社员都力争多超产。由于解决了组与组之间评工计分标准不统一的矛盾，这就可以消灭在劳动报酬上的不合理现象。由于小队成员、地段固定，“三包”合同又是长期不变的，社员就会多施肥，多加工，注意培养地力及合理安排作物茬口等。他还说，“三包到组”是以生产队为核算单位的制度，不是“包产到户”。

令人特别注意的是，1962 年上半年安徽省在纠正“责任田”的过程中，太湖县委宣传部干部钱让能挺身而出，直接向毛泽东报告，保荐责任田，态度鲜明地发表了一大通议论。钱让能只是县委宣传部的一名普通干部，级别大概还超不过正科级，套用古代的官制，恐怕连七品还不到，说他是“芝麻官”委实有抬举的味道，但“位卑未敢忘忧国”，钱让能真正做到了这一点。

钱让能在报告中写道：根据太湖县一年多来实行“责任田”的结果，我想作一推荐，不过与省委常委 1962 年 3 月 20 日关于改正“责任田”办法的决议是相违背的。尽管如此，我总认为“责任田”的办法是农民的一个创举，是适应农村当前生产力发展的必然趋势，是《60 条》和以生产队为基本核算单位的重要补充。有了它，当前的农业生产就如鱼得水，锦上添花。太湖县在 1961 年 3 月 90％以上的地区推行了“责任田”，“它一出现，就以它的显著的生命力吸引了人们（包括邻县邻省边界地区）广泛注意，迄今一年多的实践证明，尽管有人责难它‘糟了’、‘错了’，然而广大农民群众总认为是‘好了’、‘对了’。记得去年春，我在执行这一工作的过程中，农民群众的那股劲头是我 10 多年来（除土改外）的第一次见闻”。

钱让能报告说：“推行这一办法的结果，现在可以肯定地说，1961 年是太湖人民在精神上、物资（质）上的一个新的根本性的转折。荒、逃、病、死，一瞬而基本变成熟（荒地变成了熟地）、健（体质健康了，有病的也不多了）、生（妇女怀孕了）。”“迅速转变，究竟是什么力量呢？拿农民的话说，‘就是责任田好’。”

钱让能回顾历史说：“从办高级社和人民公社以来，生产关系的变化，公社、大队、生产队组织形式的每一次调整，没有哪一次不都说是适应，现在看来，其实并非如此。1955 年是太湖解放后农业生产力发展和群众生活水平最高的一年。之所以如此，除了国家对农民的支援外，主要是有了土改后的连续三四年农民积极性所发展起来的物质基础和初级社的生产关系还相适应的原因所致。而现在的责任田，比起 1955 年的初级社来，其优越性可不言而喻，就是比起高级社来，它在制度上也更加合理，更加完备了，是具体贯彻'按劳分配'的一个新的发展和进步。”他认为，多年来农业上的问题“主要就是责任没有到人”。

钱让能认为，在实行“责任田”以前，农业管理体制存在弊端。过去的办法，主要就是靠评工记分。实际上产量不到田，责任不到人，评工记分就不能真正的搞得好。现在如果以队集体生产，还是采取评工记分的老办法，可以说，除了有历史习惯的齐心协力的少数小队外，普遍现象是做工只顾数量，不能保证质量，只顾工分，不顾效果。尽管你点子再多，绞尽脑汁，什么包工定额、检查验收、互相监督，等等，在无数小生产残余的反抗和与这些残余相联系的巨大的习惯势力和保守势力面前都是无能为力的。同时，评工记分的本身也确实复杂（现在太湖仅有少数的评工记分）。首先是误时，特别是大忙时耽误农民的睡眠。好的小队两三天搞一次，差些的小队天天晚上都要评工记分，包工定额，调兵点将。其次是评不好，不是争，就是吵，很难克服社员与社员之间的平均主义。再者是烦琐的哲学，几十道工序，甚至有的小队弄不清，成了一笔糊涂账。会计人员 40%以上精力搞账，队长要 40%精力搞管理。现在的责任制，他们却摆脱了这些事务，参加了生产。一个县数以千计的小队，光在节约劳力问题上，就是一笔巨大的财富。总之，现在的农民总归是农民，他最讨厌、最头痛的就是那些复杂的麻烦的东西，所欢迎的也就是最简单、最通俗易懂易行的东西。

钱让能针对“责任田”就是“单干”的指责，澄清说：“责任田是社会主义集体经济的一种管理方法，它并未改变生产资料所有制，土地仍然是集体所有，仍然是按劳取酬，它并未改变集体的劳动方式。”“国家征购任务照交，公社、大队的公共积累照取，这又怎么能说是瓦解削弱了集体经济呢?”

钱让能极不赞成省委关于改正“责任田”的决定，他写道：“急急忙忙地收回责任田，吵吵闹闹地指责是‘单干’，很可能因为一部分是好心同志不知底里，一部分还是以‘本本主义’的观点，害怕农民不跟我们走”，可是农民还是赞成责任田，“无论下乡也好，出差在轮船码头等车休息也好，许多农民有关责任田这方面的道理，与我在省听到的和文件上看到的道理，则完全相反。许多奇迹，见所未见，闻所未闻。所有不赞成‘责任田’的各种议论，我想请到这里一闻一见，是会有很大教益的。我很担心，省委决议 1962 年内就要大部分改过来。根据这里的情况，是不可能的，因为农民他不会相信空话的，你做不出样子，证明比他的办法优越，除掉强迫命令，我看是扭不过来。”最后，钱让能写道：“据我们调查摸底，拥护责任田的起码占 80％以上，甚至于占 90％以上。站在 90％以上的人民大众这一边同呼吸，该不能算是尾巴主义吧！怕 80％甚至 90％以上的不跟我们走，这恐怕也不能算是马克思列宁主义：哪有马克思列宁主义者怕 90％以上的人民大众的道理呢?”他“请求主席直接派人前来调查，以便弄清是非”，“像荒、逃、饿、病、死一字不漏的太湖县能够在一年内而且还是在那样大旱的情况下，基本上解决了吃的问题，那么其他有类似情况的地区也未始不可试行这个办法。”

在“责任田”或“包产到户”看法上的分歧，在党内上下都引起了一番大的讨论或争论。在党内高层领导人当中，刘少奇、邓小平、陈云对包产到户，在不同的时期里，不同程度上也都表示过支持。

1961 年，刘少奇在湖南农村调查时，对包产到户没有明确表态，只讲有些零星生产可以包产到户，算是开了个口子。7 月 18 日，刘少奇同几位下放到农村去的干部谈话时说：现在人民公社集体经济不够巩固，相当多的集体经济发生动摇，许多地方的农民，甚至于干部，要求单干，要求分田到户或者包产到户。造成这种集体经济不稳固的原因，有内部的，也有外部的。内部的原因就是干部作风不好，多吃多占，不劳动，责任制、评工记分搞得不好。外部的原因则是有天灾，“五风”使农业生产受到破坏，还有国家征购太多的问题。

刘少奇虽然在一定程度上赞同在一定条件下试行包产到户等农业生产责任制，但对是否能把它作为一个长期有效的制度确立下来，也没有十分的把握。他虽不同意集体经济不能够发展生产的意见，但也不同意集体经济能无条件地发展生产的观点。他对下放到农村去的干部们说，集体经济要在一定条件下才能发展生产，不是只要组织起来就能发展生产。发展农业，使农业过关，使粮食过关，只能是大农业，小农经济不能够更大地发展农业，不能使农业过关。目前要巩固生产队这个集体经济，一方面是调整集体内部的关系，如集体内部扣留太多、干部太多、多吃多占等，另一方面要按劳分配。刘少奇特别推荐了河南新乡地区实行的责任制，即大农活集体干，小农活分散干，组包片、户包块，超产奖励的办法，认为可以推广。但他提出，新乡的经验也有一些缺陷，例如集体打场，就比较难于准确估计社员的超产部分。

刘少奇要求下放干部研究如何使产量和责任制联系起来的问题。他认为，集体经济最后得以巩固，只有在农业技术改造见了效果，向大机械化发展时才有可能。到那时，农业集体经济要散也散不了，而这至少是十几年以后的事情，现在还不能完成。但中央准备现在就下手，提出并着手实现农业机械化和农业技术改造任务，集中全党全国力量，把农业放在首位，把农业搞上去。

邓小平是支持包产到户的。他的指导思想是，当前中国农村应当实行多种多样的所有制形式，包括集体、半集体、包产到户、分田单干，以便迅速恢复和发展农业生产。7 月 7 日，邓小平在接见出席共青团三届七中全会全体代表时，发表了《怎样恢复农业生产》的讲话。他在讲话中说：我们要克服困难，争取财政经济状况根本好转，要从恢复农业着手。农业要恢复，主要是两个方面的政策：一是把农民的生产积极性调动起来；二是工业支援农业。邓小平认为，农业本身的问题，现在看来，主要还得从生产关系上解决，这就是要调动农民的生产积极性，就是说，哪种形式的生产关系在哪个地方能够比较容易、比较快地恢复和发展农业生产，就采取哪种形式。群众愿意采取哪种形式，就采取哪种形式，不合法的使它合法起来。正如四川话说的那样，“黄猫、黑猫，只要抓住老鼠就是好猫”。他提出，现在要恢复农业生产，也要看情况，就是在生产关系上不能完全采取一种固定不变的形式，看哪种形式能够调动群众的积极性就采取哪种形式。这就是“猫论”的最初版本。后来流传的过程中把“黄猫”改成了“白猫”。

陈云也是包产到户的积极支持者。

1962 年春夏之交，陈云在杭州、上海休养时，经常考虑如何救助缺粮的农民，如何加快恢复粮食生产。他对当时一些地方的包产到户做法非常感兴趣。

包产到户，是合作化和人民公社化以后，一些地方为了克服平均主义大锅饭的弊病，实行的一种联系产量、责任分解到农户的生产责任制形式。从合作化以后，浙江、江苏、河南一些地方就开始试行包产到户，对促进农业生产起到了很明显的作用。不料庐山会议一“反右倾”，也顺带把这个包产到户挂到右倾的账上，一起反掉了，支持这一办法的干部被打成“右倾机会主义分子”，受到不公正的处理。

三年困难时期，由于粮食问题严重，各地纷纷寻找出路。“大跃进”口号喊得再响，也变不成粮食，而“右倾机会主义”的包产到户，适应农村生产力水平和农民的觉悟水平，能够多产粮食，这才是实在的。于是，好多地方变着法子实行了多种形式、多种名目的包产到户。为了掌握第一手材料，具体了解包产到户办法对粮食生产的作用，陈云让粮食部派一位副部长去安徽调查。粮食部派了周康民去。调查结果，认为他们有五个统一，即统一安排粮食生产计划，统一大农活，统一管水用水，统一打场，统一分配（包产数字以内的），不是单干，是克服困难的办法。这份调查报告，以“简讯”的形式上报中央。

陈云本着对人民负责的态度，决定尽快回京同中央常委商量，向毛泽东直接陈述。6月24日，陈云从上海回到北京，立即与刘少奇、邓小平等几位中央常委交换了意见，看法基本一致。7月6日，陈云给毛泽东写信说：“对于农业恢复问题的办法，我想了一些意见，希望与你谈一谈，估计一小时够了。我可以去。”

当天夜里，毛泽东约陈云谈了一个多小时。陈云向毛泽东提出在农村实行分田到户，这个办法实质上就是包产到户。他主要阐述了个体经营与合作小组在我国农村相当长的一个时期内。还是要并存的，现在要发挥个体生产的积极性，以解决当前农业生产中的困难。当时，毛泽东没有明确表示意见。

邓子恢在中央长期主持农业工作，他以能实事求是地对待农业生产关系著称。1955年，由于他主张在合作化运动过程中要尊重农民自身的意愿、尊重农业经济发展的规律，反对不顾农民意愿强制推行农业合作化，曾被毛泽东点名批评。“大跃进”给农业生产力造成的破坏深深地刺痛了他，他以对人民负责的极大勇气，再次站出来，支持亿万农民创造的各种形式的农业生产责任制。

从1961年起，他带领工作组，在福建、黑龙江、广西、河南等省做了大量调查研究，根据调查得来的材料，于5月24

日向中央和毛泽东提出了《关于当前人民公社若干政策问题的意见》。他认为：目前农村集体所有制仍存在许多混乱现象，如机关、企业占用社队土地，社与社、大队与大队之间平调的土地未完全清理归还，许多地方基本核算单位已经下放给生产队，但土地耕畜仍归大队所有。邓子恢认为，造成这种混乱现象的主要原因，是各级干部思想上仍然存在着“不断革命论”，而不认识革命发展的阶段论。对以小队为核算单位 30 年不变的政策，一般认为只是一时的权宜之计。另外，干部思想中的平均主义根子未挖掉，总想在生产资料特别是在土地上，把穷队富队的经济基础适当拉平，以便于以后实行过渡，而不知道生产资料平调比之产品平调是更厉害的平均主义，是对农民生产积极性的重大打击，是对农业生产力的更大破坏。

因此，邓子恢提出，应当采取立法和布告宣传的方式，明确规定所有制关系，如保证小队核算制 30 年不变等，以纠正目前的混乱现象。他认为，一般地区自留地生产比集体生产搞得好，这说明，在农业生产力还处于人、畜力经营的时期，这种小自由、小私有，是最能调动农民劳动积极性和责任心的。个体生产的危险在于以个体经济作为主要社会制度，从而产生剥削，产生阶级分化。如果我们能保证集体经济作为主要经济制度，加上政权在我们手里，国民经济的骨干，如工业、交通运输、金融、贸易、企业等都是全民所有制的，在这种条件下，允许社员在一定范围内经营一些小自由、小私有，只有好处，没有坏处。中央应采取措施，鼓励社员在一定限度内发展小自由，以加速农业的恢复和发展。首先，要稳定社员自留地，并适当加以扩大，以控制在当地耕地面积20%为宜。其次，要鼓励社员繁殖大牲畜，社员为集体饲养的大牲畜实行养用合一；公有牲畜由社员喂养的，其所生幼畜公私分成等。在5月中央政治局常委扩大会议上，邓子恢提出，农村人民公社存在的问题，主要是以小队为核算单位的所有制问题尚未完全落实，耕畜、自留地等均有不少遗留问题，房权、林权等也没有定下来，均应尽快解决。他说：看了几个县，不管气候怎么样，凡是自留地都是好的，大田都不好。这说明，在一定范围之内，小自由有它的优越性。个体经济发展的结果，将来造成阶级分化，危险在那个时候，在将来，危险不在当前。适当扩大自留地，社员是会满意的。我认为，平均土地在2亩以下的，可以10.2%；2亩至4亩的7%，4亩或者6亩以上的不超过5%。包括自留地、饲料地、借地、借冬闲田等，不要超过总耕地面积的20%。主要的生产关系还是集体所有制，加上20%的小自由就变资本主义呀？政权是我们的，干部是我们的，国家主要的经济是我们的，就发展资本主义呀？把资本主义看得太厉害了。耕牛问题……我想应该允许私养，控制到1头到2头，全部归他。私有公用，要给合理报酬，这样牲口可以发展。养猪问题，要讲清楚，不要按比例，私养再多也可以，没有关系。广西龙胜县的山地有10万人口，土地不多，这个地区，现在单干60%。原因有各种，其中有一个原因就是山区分散。我告诉他们，这样的地区不要集体，就让它单干，或者叫包产到户。这是社会主义的单干，有什么不好？

会上，不少同志也提出自留地以外再增加点饲料地，还有小开荒、借地度荒等，合计不超过自留地的一倍，这没有危险，对调动农民积极性有好处，对巩固集体经济也有好处。

周恩来同志说：至于整个农村的政策，我们有一系列的东西。现在还有一些问题没有完全解决好。基本核算单位中的分配问题，所有权问题，还待中央仔细研究。特别是分配，现在粮食标准这样低，重点放在按劳分配上很有危险，少数人分得很多，他的积极性就不在增加粮食，而在自由市场，而多数人分的基本口粮都不够，他的积极性也差。当然，不能动摇按劳分配的原则，可是在低标准的条件下，必须基本口粮为先，然后结合按劳分配。究竟如何，等中央研究以后再决定。刘少奇也说：邓子恢同志讲的这些问题，“以后再来讨论”，养猪饲料地的问题也“还要再讨论”。

邓子恢继续坚持自己的观点。

中央工作会议结束之后，邓子恢于5月24日向党中央和毛泽东写了《关于当前农村人民公社若干政策问题的意见》的长篇报告，再次提出了巩固人民公社集体所有制，克服分配中的平均主义，实行按劳分配，纠正干部的特殊化，扩大社员小自由，加强生产队经营管理，建立生产责任制等重要意见。

邓子恢这时提出的生产责任制，原则上与他过去的一贯主张是一致的，内容也大体相同，只是更加突出了联系产量的观点。他认为，“农活生产责任制不和产量结合是很难包的”，联系产量搞承包，社员感到有产可超，就有积极性，“因此有些地方包产到户，搞得很好，全家起早摸黑都下地了”。他还强调说：“不能把作为田间管理的责任制的包工包产到户认为是单干”，“作为田间管理，包产到户，超产奖励，这是允许的”。问题是要加强领导，保证主要生产资料的集体所有制性质。诚然，邓子恢提出的关于农业生产责任制的观点和具体政策，由于当时的历史条件，不可避免地存在着某些不足，许多方面还有待于进一步完善，但当时他能面对现实，敢于提出自己经过深思熟虑的、实事求是的主张，是需要勇气和胆量的。

6月下旬，在中央书记处听取华东局农林办公室的汇报会上，讨论了安徽省一些灾区实行包产到户的“责任田”问题。邓子恢由于经过调查获得了第一手材料，在发言中热情肯定安徽的“责任田”。他认为，多数能搞好“五统一”，坚持了集体所有制性质，方向是正确的。邓小平的发言支持了这个意见，但也有些同志表示不同意。于是，会议决定把这一问题提到即将在北戴河召开的中央工作会议上讨论。

此后不久，邓子恢读了陶铸、王任重根据对广西龙胜县作农村调查所写的《关于巩固生产队集体经济的问题（座谈会议记录）》。这个调查表明，在坚持主要生产资料集体所有制、统一安排生产计划、集体劳动、统一分配等原则的前提下，集体经济就可以得到巩固，生产力可以大大发展。这使邓子恢受到了鼓舞。

1962年上半年，安徽强行纠正“责任田”。4月初，安徽宿县符离区委书记给邓子恢写信反映群众的意见，认为“责任田”坚持“五统一”，就是坚持了土地等主要生产资料集体所有的原则，方向是正确的。这封信引起了邓子恢的重视，他让中央农村工作部派工作组去安徽一些地方做调查。6月中旬和

7 月 18 日，工作组先后给他发来《当涂县责任田的情况调查》《宿县王楼公社王楼大队实行责任田的情况调查》《宿县城关区刘合大队实行责任田的情况调查》等报告材料。这些材料都是肯定“责任田”的，认为“包产到户责任田，在集体农业生产的经营管理上找出了一条出路”。群众说：“越干越有奔头，最好一辈子不再变。”“我们一不怕蒋介石，二不怕自然灾害，就怕改变责任田。”6 月，中央农村工作部副部长王观澜致函邓子恢，并转中共中央政治局委员、国务院副总理谭震林说：“安徽群众特别强烈要求的是‘责任田’三年不变，人大代表李有安（劳模）甚至代表群众说话，提出三年又三年不变。”7 月 2 日，安徽宿县符离区党委全体成员又给邓子恢并党中央寄来《关于“责任田”问题的汇报》，列举了七条理由证明“责任田”方向正确，列举了十大变化说明它确实好。

这一系列反应，使邓子恢对生产责任制形式有了进一步的认识。1962 年 5 月底至 7 月中旬，邓子恢先后应邀到军委总后勤部、解放军政治学院、中央高级党校多次作长篇报告。报告详尽分析了 1959 年以来经济严重困难，特别是元气大伤的原因。认为集体经济虽然有优越性，但因为经营管理没搞好，优越性没有发挥出来。而要搞好经营管理，就必须有严格的责任制。他说：1957 年决定包产到队，包工到组，田间管理可以包到户，1958 年以来取消了这个办法。现在有的地方恢复了，有的地方没有恢复。“我们的集体劳动有些同志理解为像军队操练一样，把单独在一块地上干活叫单干”，“有的同志认为集体劳动就是一窝蜂，单独干活就是单干，单干就不是社会主义，就是资本主义，这是不对的”。邓子恢特别强调联产计酬，赞成包产到户。他说：“农业生产责任制不和产量结合是很难包的，因此有的地方包产到户，搞得很好，全家人起早摸黑都下地了。农民的私有性是突出的。凡是包产到户的，自留地和大田一样，没有区别。没有包产到户的，自留地搞得特别好。因为包产到户了超产是他的，责任心强，肥料也多。不能把作为田间管理责任制的包产到户认为是单干，虽然没有统一搞，但土地、生产资料是集体所有，不是个体经济，作为田间管理包到户，超产奖励这是允许的。”他的报告赢得了一阵阵掌声，引起了强烈的反响。中央党校向中办简报：“邓老很接触实际，抓农业较稳妥、内行。我国农业如果让邓老抓，不会出那么多问题。中央应考虑启用邓老来抓农业。”

从主张“包工包产”到赞成和支持包产到户，反映邓子恢对承包责任制有了进一步和更符合实际的认识。他把“包产到户”看成一种经营管理形式，即集体所有，队户经营，所有权和经营权可以分离，哪种经营管理形式能发展生产，群众愿意，就应采用哪种形式。但这种积极而可贵的探索，并不一定能够得到相应的理解和支持。7 月 17 日，邓子恢应约见毛泽东，陈述了自己对“责任田”的看法，认为“责任田”是一种联产计酬的生产责任制，适应广大农村生产力的发展要求和广大农民的需要，有强大的生命力，广大农民不愿改变。但毛泽东一言不发，并流露出对邓子恢保荐“责任田”的不满。随后，当邓子恢决定将中央农村工作部关于安徽“责任田”的调查材料和安徽来信都送给毛泽东看时，农村工作部的同事们劝他暂时缓一缓，等中央态度明朗以后再说，邓子恢却毫不含糊地说，应该实事求是地向中央陈述意见，共产党员时时刻刻想到的是老百姓的利益，不怕丢“乌纱帽”。邓子恢送给中央的调查报告，后来成为北戴河中央工作会议的参考文件。

田家英是毛泽东的秘书。他长期追随毛泽东，与毛泽东关系密切。

田家英起初是不赞成包产到户的。1961 年，中央提倡大兴调查研究之风，毛泽东派出三个调查组，他是其中一组的负责人。1961 年 3 月广州会议期间，他将安徽的一个关于包产到户的材料送给毛泽东，并写了一封信。他看到材料里讲到一些缺乏劳动力的社员，特别是孤儿寡妇在生产和生活上遇到的困难，无法控制自己的感情，含着眼泪写了那封信。信中有这样一段话：“寡妇们在无可奈何的情形下，只好互助求生。她们讲：‘如果实行包产到户，不带我们的话，要求给一条牛，一张犁，8 个寡妇互助，爬也爬到田里去。’看到这些，令人酸鼻。工作是我们做坏的，在困难的时候，又要实行什么包产到户，把一些生活没有依靠的群众丢开不管，作为共产党人来说，我认为，良心上是问不过去的。”信中还说，为了总结经验，包产到户作为一种试验是可以的，但是不能普遍推广，“依靠集体经济克服困难，发展生产，是我们不能动摇的方向”。田在这封信里所表达的主张和流露出来的情感，同毛泽东是一致的和相通的。毛泽东立即将这份材料连同田的信批给政治局常委和几位大区书记传阅。陶铸见到田家英说：“家英呀，我赞成你的意见。”陈云则对田家英的意见不以为然，说：

安徽搞包产到户，应当允许人家试验嘛！

时隔一年，经过在湖南湘潭农村的一段调查，田家英的思想起了变化。他认真听取和思考农民的意见，觉得很有道理。田家英心里很矛盾。他认为，从实际情况看，搞包产到户或分田到户明显地对恢复生产有利。另一方面，他又觉得，事关重大，在这个问题上不能轻举妄动。他在私下多次对人说，在人工劳动的条件下，为了克服当时的严重困难，包产到户和分田到户这种家庭经济还是有它的优越性，集体经济现在“难以维持”，已经萌生用包产到户和分田到户渡过难关的思想。但在公开场合，在农民和干部面前，对包产到户的要求他丝毫也不松口。

随后田家英到上海向毛泽东、陈云作了汇报，送交了调查报告。田家英得到的反应迥然不同。陈云读了田家英的报告后很称赞，说“观点鲜明”。毛泽东却很冷漠，大概没有看，只听了他的口头汇报。毛对田说：“我们是要走群众路线的，但有的时候，也不能完全听群众的，比如要搞包产到户就不能听。”

为了进一步弄清包产到户问题，田家英还派出两位同志赶往安徽无为县了解情况。他们调查的结论大致是：包产到户对于解救已经遭到破坏的集体经济的危机，迅速恢复农业生产，肯定是有利的和必要的；但是，将来要进一步发展农业经济，就可能要受到限制。

6月底，田家英回京向刘少奇、邓小平等中央领导做了汇报，得到了积极的回应。随后田家英立即组织班子，准备起草有关包产到户的文件。他的指导思想是：当前在全国农村应当实行多种多样的所有制形式，包括集体、半集体、包产到户、分田单干，以便迅速恢复和发展农业生产。与此同时，田家英还向其他几位中央领导人陈述了自己的观点和主张，得到了一致赞同。在此期间，田家英还冒险以秘书身份向毛泽东进言。那时毛泽东正在河北邯郸视察，他打长途电话要求面陈意见，毛泽东身边的人传来电话说："主席说不要着急嘛！"这句话明显有些不耐烦的情绪。①

1962年7月，毛泽东从邯郸视察工作回京，主意已定，对邓子恢、田家英积极主张包产到户十分反感，对刘少奇、陈云、邓小平没有抑制甚至持赞同的态度也不满意。7月9日，毛泽东回到北京，在中南海游泳池召见田家英。田家英陈述说，全国各地已经实行包产到户和分田到户的农民，约占30%，而且还在继续发展。与其让农民自发地搞，不如有领导地搞。将来实行的结果，包产到户和分田单干的可能达到40%，另外60%是集体的和半集体的。现在搞包产到户和分田单干，是临时性的措施，是权宜之计，等到生产恢复了，再把他们重新引导到集体经济。

毛泽东静静地听着，一言不发。最后，毛泽东突然提出一个问题：你的主张是以集体经济为主还是以个体经济为主？对于这突如其来的提问，田家英毫无准备，一下子把他问住了。毛泽东接着又问："是你个人的意见，还是有其他人的意见？"

① 《毛泽东和他的秘书田家英》，中央文献出版社1989年版，第65～69页。

田家英没有说与刘少奇、邓小平、陈云等人商谈过，只说：“是我个人的意见。”

毛泽东听罢默然。

随后，9、10、11 日连续三天下午，毛泽东分别把河南、山东和江西的负责人召来北京商谈农村工作问题。针对各地出现包产到户，他建议以党中央名义起草一个关于巩固人民公社集体经济、发展农业生产的决定，由陈伯达主持，不让田家英参与其事。在毛泽东看来，基本核算单位下放到生产队，是调整农村政策的最后界限，如再进一步调整，搞什么包产到户，那就是走资本主义道路。

7 月 18 日，刘少奇在对下放干部的讲话中，专门讲了巩固集体经济问题，也批评包产到户，批评从高级干部到基层干部“对集体经济的信念有所丧失”。7 月 17 日，文件初稿拿出。7 月 19 日，由陈伯达主持，在中南海怀仁堂召开有各大区书记参加的起草委员会会议，座谈这个决定。会上对包产到户取否定态度，中央政治局委员柯庆施发言说：现在看，单干不行，这个方向必须批判。中央书记处候补书记刘澜涛发言，介绍了西北局围绕“包产到户”展开争论的情况。

7 月，毛泽东已开始不仅仅从恢复和发展生产的角度看待包产到户，而是将对待包产到户的态度上升到是否马克思主义的政治高度。中南局的陶铸、王任重到广西龙胜县调查座谈包产到户问题，并向毛泽东和中央提交了《座谈纪要》。该报告虽然注意划清集体与单干的界限，保护了一大批基层干部，但对包产到户基本是持否定态度的。他们的《座谈纪要》说：

"各级领导态度必须十分明确和坚定,'包产到户'、'分田到户'的单干道路,是农村资本主义的道路,是走不通的。"

《座谈纪要》送中央后,毛泽东批示:"这个文件所作的分析是马克思主义的,分析之后所提出的意见也是马克思主义的。"

1962 年 8 月 1 日,毛泽东对《中央关于正确对待单干问题的规定(草稿)》批示,"党在农村采取了一系列的正确措施,使全国百分之九十以上的农村人民公社集体经济已经或正在走上健康发展的道路。但是,就全国来说,有不到百分之十的地区发生了'单干风',已经有一小部分生产队改变方向分户单干了",并将其上升为农村中资本主义和社会主义两条道路之间的斗争。这样,包产到户问题与单干相提并论,并被上升到路线和主义之争,一场强大的政治风暴也就在所难免地即将到来了。

五、调整外交政策的努力

◎中国面临严峻的外部环境

◎王稼祥的六个"不要"

◎毛泽东说:"7 月犯错误,8 月改"

1962 年,中国在国内面临严重的经济政治危机的同时,在外交和国际关系领域也陷入了困境。20 世纪 60 年代的中国,处在一个大小矛盾尖锐和错综复杂的国际环境中。在客观上,二次世界大战后两大阵营之间的冷战在继续,美苏之间既对抗又在进行大国政治和军事交易，中苏关系日益恶化，中印边境上的冲突与对抗在加剧，美国侵略越南的战火日益扩大，在美国支持下蒋介石军队不时对大陆东南沿海进行骚扰，美国与日本有《安全条约》的关系，美国在韩国驻有重兵——这是一个三面受包围，险象环生的形势；在指导思想上，中国把“反对帝国主义、反对现代修正主义、反对各国一切反动派”作为自己的战略口号，并承担了在物质上和道义上支援亚、非、拉民族解放运动的重担，而这一切，又是在中国国内经济遇到严重困难，正在进行调整和恢复时进行的。

正如在国内采取了一系列经济政治措施以收缩后退、缓和紧张局势一样，当时中共中央负责外事的一些领导同志，也想方设法为缓和共和国外部环境而出谋划策。1962 年春，中联部部长王稼祥深入研究了国际国内的形势，经过深思熟虑，对中国共产党和国家的对外工作，系统地提出了自己的见解和主张。

1961 年初，王稼祥看了 1960 年 11 月在莫斯科召开的 81 国共产党和工人党代表会议的文件材料和会议起草委员会的详细记录之后，有一个问题特别引起了他的注意：核战争、导弹核战争究竟是场什么样的战争？于是他请人找来了许多关于核战争方面的书籍加以研究。他的初步印象是，核战争、导弹核战争是不分前方与后方的，杀伤力是非常之大的，可以说是两败俱伤的自杀行为。但是核战争是可以被制止的，关键是要动员全世界人民起来斗争，反对战争狂人，才能制止核战争。

王稼祥虽然司职外事工作，对国内的经济形势也忧心忡忡。由于“大跃进”和人民公社化运动的失误，使国民经济出现严重困难，生产计划指标过高，基本建设战线过长，使国民经济各部门的比例关系失调；对农业增产的估计过高，对建设事业的发展要求过急，因而使城市人口不适当地大量增加，加重了城市的供应和农村生产的困难，国家仍处于“非常时期”。中央预计，国民经济的恢复至少需要 5 年时间，而农业生产的提高又是国民经济恢复的关键。

据当时在中联部工作的同志回忆，王稼祥首先酝酿这个问题是 1960 年春天，中联部的同志在广州参加起草《人民公社 60 条》，当时王稼祥在广州养病，中联部的同志向王稼祥汇报湖南农村的严重情况时说：因为大跃进、大炼钢铁、搞公共食堂，砸了农民的锅，有的地方饿死人。王稼祥听完汇报后很难过。他说：我们革命这么多年，取得政权不容易，现在农村以至全国问题这么严重，我们应该集中精力解决国内问题，把农民问题以至整个国家经济搞好。现在搞得没有饭吃，饿死人，我们对不起老百姓。王稼祥谈话时哭了。然后他们谈到为了集中把国内问题搞好，在国际上应当采取缓和的政策，也就是说同美国等国不要搞得那么紧张，同苏联等国也不要搞得那么紧张，同印度等国也不要搞得那么紧张。另外，国内那么困难，又穷，对民族解放斗争的援助，要量力而行，不应该把人民的血汗那么慷慨地送人，这不叫国际主义，因为中国如果搞不好，政权不稳，对国际共产主义运动才是最大的损失。有人提出，应该参照列宁的新经济政策，适当退却，很多问题应重新考虑。现在是跑得太快了。

面对国际国内的严峻局势，王稼祥深深感到“中国当时确实面临着许多复杂的严重的问题和很大的困难”，因而很是着急。他收集了许多材料，作了深入思考，着重考虑了如何避免中苏破裂，如何避免中美战争。要避免中美战争，则首先要避免产生朝鲜式战争的局势；而避免中美战争、改善我国国际处境的根本一环，则在于避免中苏破裂。为此，他作过这样的设想：对苏共可不可以作为统一战线的关系来对待，有斗争、有团结，维持中苏同盟条约的关系。他回顾苏联在第二次世界大战中同美英法搞同盟的经验教训，在东方与日本签订了互不侵犯的协定，终于避免了两面作战，而使它能够集中兵力对付德国法西斯这个强大敌人。这些外交措施，可以作为中国当今处理对外关系的借鉴。他还设想：可不可以建立两个统一战线——即反帝国主义、反殖民主义的统一战线和反对侵略战争、保卫世界和平的统一战线，这后一条统一战线比前一条统一战线更为广泛。为了避免中苏破裂，王稼祥认为，在中苏关系上应当防止和纠正“左”的错误，如那时曾提出缓和好还是紧张好的问题，并且断言紧张比缓和好，说紧张能够动员人民起来反对帝国主义，在这样的情况下中苏分歧和矛盾当然只会加剧。

王稼祥深入思考和设想的这些问题，都属于对外工作的战略性问题。它的立足点和出发点是国内问题，是为了渡过困难，或者减少困难，至少不去增加目前已形成的困难，以加速我国的社会主义建设事业。

从党和国家的利益出发，他觉得有必要向中央提出意见。

为了集思广益，他召集中联部负责人在他住处多次议论过。张香山回忆当年参加议论的情景：

1962年上半年，王稼祥同志看到三年来的我国的经济困难，而在对外斗争方面，又有一种四面树敌的气势，他认为需要根据毛泽东同志一贯主张的“争取多数、孤立少数、利用矛盾、各个击破”的原则，缓和和约束某些方面的斗争，以便集中地打击主要敌人，并使我们能够集中更多的精力，来改善国内的经济状况，因此，王稼祥同志曾向中联部的副部长和正副秘书长谈了他的意见，并要大家共同议一议，但不许向外讲。用他的话说，“是关起门来谈一谈”，如果大家觉得没有把握，或者意见很不统一，那就搁下来不强求统一，如果能取得一致意见，而且认为值得向中央领导反映，就正式提出。

在议论中，大家对王稼祥的基本观点没有提出不同意见，也就是说是赞同的，有的还做了一些补充和发挥。这样，王稼祥觉得可以向中央正式提出了，但他又考虑到，这些意见超出了中联部的工作范围，不便写请示报告，便由王稼祥和刘宁一、伍修权亲笔签名，采取给恩来、小平、陈毅同志写信的方式，向中央提出建议。这封信署的日期是1962年2月27日。信的开头说：“最近我们想到了几个问题。现在把这些想法写出来，提供你们参考。”

王稼祥从酝酿、思考，在少数人中议论，直到向中央领导人写建议信，整个过程中有一个推动力，就是毛泽东在七千人大会上的讲话。他虽然因病未能参加这次大会，但是会议发给他的文件、简报和各种材料，都认真地阅读了。毛泽东关于

“不论党内党外，都要有充分的民主生活，就是说，都要认真实行民主集中制”；“我们提倡不抓辫子、不戴帽子、不打棍子，目的就是要使人心里不怕，敢于讲话”的这个讲话，他认真读了，尤其是上面这两段话，使他深受鼓舞。正如王稼祥后来自述的那样：“当时正在开七千人大会，提倡三不主义，所以我抱着对党中央勇敢提意见的态度。”正是本着这种态度，在这封信结束前写了这样一段话：“啰啰唆唆写了一大篇，可能毫无参考价值，只是打扰你们。但既然有这些想法，就写出来，即使是完全错误的，想你们也不会责备和见怪。”①

王稼祥自己后来回忆说：

> 1962年上半年，我当时觉得“内忧”够多了，而对“外患”的可能性，在我脑子中形成了一幅可怕的图画，于是乎我忧虑得不得了，于是乎以多病的身体支撑起来，来想，来找材料，来与少数人讨论，来挺身而出，勇敢地向中央提意见，当时想的是一心为公，而不去计较个人的得失。这是我当时的主观上的精神状态。

1962年春，王稼祥除了给周恩来、邓小平、陈毅写信外，还主持撰写和审定了《关于我国人民团体在国际会议上对某些国际问题的公开提法》和《关于支持别国反帝斗争、民族独立运动和人民革命——实事求是，量力而行》提纲。在这些文件

① 《王稼祥传》，当代中国出版社1996年版，第565～568页。

中，王稼祥阐述了自己对于对外工作的一系列见解和主张。

王稼祥向中央建议，应当选择适当时机，以政府名义发表一个声明，用准确的语言，全面地、准确地阐明中国的外交政策、立场、观点和主张。

为争取时间渡过困难，加紧完成我国社会主义建设事业，对外有必要采取和缓的方针。外交是内政的延续。当时中国的国内局势是：经济遭受了重大的灾难而尚未脱离险境，严重的饥荒造成人口大量非正常死亡。为挽救危机，中共中央采取了一系列经济政治方面的“紧急措施”，力图振兴经济，缓和国内矛盾，消除动乱因素。被国内危机捆住了手脚的中国，迫切地需要一个缓和的国际环境，减少摩擦和矛盾，集中精力对付国内问题。王稼祥的建议突出地反映了形势的内在需要。其实质是，公开宣布大幅度调整中国的外交策略，改变斗争取向为缓和取向，以赢得一个稳定缓和的国际环境，集中精力克服国内困难。

王稼祥认为，中国外交政策一向是和平外交政策，外交工作的任务向来就是为中国建设社会主义争取一个长期的和平国际环境，中国是著名的和平共处五项原则的缔造者。由于赫鲁晓夫对我国外交政策的造谣、攻击，帝国主义又从旁帮腔，在国际上就引起许多人对中国的外交政策发生误解，“而在我们发表的某些文章和讲话中，由于侧重同修正主义进行斗争，也难免有讲得不够全面的个别地方，个别措辞和论据也难免不确切，往往被修正主义者所利用”。比如在中苏两党的论战中，赫鲁晓夫片面强调世界大战的可以避免，因此提出在当时条件下可以实现没有军队、没有武器、没有战争的“三无世界”，我们党对此进行了批驳。在批驳中，往往强调世界大战的危机方面，有时甚至采取一种“极而言之”的说法，说可以在战争废墟上建设社会主义。赫鲁晓夫由此攻击我们“好战”，国际上反对我们的人也给我们扣上了“战争不可避免论者”的帽子。

王稼祥解释说，发表这样的声明是否会引起反应，认为中国倒退了？王稼祥认为，这不是倒退，这是我们本来的立场、观点、政策和主张。我们需要把它说清楚，扫除赫鲁晓夫等强加在我们身上的那些本来不是我们自己的东西，附带地也澄清我们自己的个别不确切的东西。王稼祥认为，发表这样一个声明，看来是需要的。这样可以使我们更加主动，处于有利的地位。

王稼祥对重大国际政治问题的见解是：

（一）关于战争与和平问题。王稼祥认为，只要坚持动员世界人民提高警惕，加强斗争，在世界人民力量超过反动力量、和平力量超过战争力量的情况下，就一定能阻止新的世界大战，赢得持久和平。决不能把和平的希望寄托在帝国主义“明智派”身上，向帝国主义乞求和平。王稼祥除了批判赫鲁晓夫的错误观点，还力求设法纠正认为世界战争注定不可避免的错误观点。他指出：“不要说社会主义阵营同帝国主义阵营的根本矛盾必然导致发生世界战争。不要说必须在消灭美帝国主义以后，第三次世界大战才能避免。不要单单地说，‘打不打第三次世界大战，不取决于我们，而取决于帝国主义’。不要过分地强调世界战争的危险，而冲淡防止世界战争的可能性。不要笼统地说，‘只要帝国主义存在，战争就是不可避免的。’因为就世界战争来说，存在着防止的可能性。我们可以说，只有帝国主义和一切反动派的统治被推翻以后，才能实现世界的永久和平；但是不要说，只有帝国主义和一切反动派的统治被推翻以后，才能实现世界的持久和平，即巩固的和平，一个长时期的和平。对于片面地强调世界战争可以避免的说法，可以指出，帝国主义战争势力确确实实还在备战，世界战争的危险依然存在，必须向人民群众揭露这个客观存在的事实。这样做，决不是所谓对防止世界战争没有信心，而是为了动员人民群众提高警惕，加强斗争，克服战争危险，争取实现持久和平。”

上面这段话里的几个“不要说”，正是针对我们说过的那些不确切的话，加以澄清的。

（二）关于和平共处问题。王稼祥认为只有经过同帝国主义的反复的坚决的斗争，才能迫使帝国主义国家同中国建立不同程度的和平共处关系。他指出：“那种认为‘在帝国主义存在的条件下，不可能有和平共处’，‘必须打倒帝国主义，才能有和平共处’，‘必须彻底消除帝国主义和殖民主义，才能实现和平共处和世界和平’等的说法，是错误的。”

（三）关于民族独立运动和和平运动问题。王稼祥充分肯定了民族独立运动的伟大意义，指出：我们一贯积极支持被压迫民族反对新老殖民主义、争取和维护民族独立的斗争。我们不认为武装斗争是争取民族独立的唯一道路。因而不反对殖民地、半殖民地人民在争取民族独立斗争的过程中同帝国主义谈判。

当时，由于我们主要强调民族独立运动，认为这是席卷世界的革命风暴，因而往往低估了和平运动的意义。王稼祥认为，和平运动中应广泛地团结各方面人士，对于和平主义者发起的运动，也可予以适当的估计和支持，应当充分估计和平运动的意义。他说："这个运动具有广泛性，包括不同阶级、不同民族、不同政治信仰和宗教信仰的爱好和平的人们，包括那些仅仅害怕核战争灾难的普通的人们。和平运动是群众性的运动，应当根据不同地区、不同国家、不同群众的觉悟，采取为群众所能接受的各种方式来进行斗争。我们应该把和平运动的意义说够。"

王稼祥还讲到和平运动和民族解放运动的关系。和平运动应该同情和支持民族解放运动，和平运动的发展也是有助于民族解放运动的。"这两个运动是紧密联系和互相促进的"。王稼祥指出，我们不赞成用和平运动来代替民族解放运动；我们不要只讲民族解放运动，不讲和平运动。对于那些在和平运动中只讲和平、不讲民族解放运动的人，我们应当首先同他们寻找共同点，不要简单地用大讲民族解放运动来同他们对立。在和平组织中，不要把民族解放运动讲得超过了和平运动。

（四）关于裁军问题。这个问题也是国际会议上经常争论的问题，而且往往被我们看作是一种幻想，王稼祥指出，"争取实现普遍的裁军的斗争，是保卫世界和平的一项重大任务。"中国政府曾经发表声明，支持全面彻底裁军。虽然帝国主义总是对裁军设置重重障碍，继续实行扩军，但是经过全世界爱好和平的国家和人民的努力，同帝国主义达成某种裁军协议是可能的，这对各国人民也是有利的。资本主义国家人民为反对扩军备战，要求裁军，要求把裁军节省下来的钱用于改善人民生活而进行的斗争，是完全正当的。我们支持和同情这种斗争。

（五）关于核战争问题。王稼祥认为，核武器具有空前的破坏性。我们反对核战争，要求禁止试验、制造、贮存和使用核武器。他指出："我们不赞成只宣传核战争的恐怖，而不谈经过人民斗争可以制止核战争。当然适当地宣传核战争的破坏性是可以的；但更重要的是，应该教育人民，不要因恐惧而陷入瘫痪的精神状态，要把消极的恐惧变为反对核战争的积极行动。"

王稼祥对重大国际问题的上述见解，目的都是为了有利于在国际范围内建立最广泛的统一战线，有利于为中国社会主义建设争取一个长期的国际和平环境。

（六）关于在对外斗争中的策略问题。鉴于中国国内的经济困难，而在对外斗争中又有一种四面树敌的态势，王稼祥认为，需要根据毛泽东一贯主张的"争取多数、孤立少数、利用矛盾、各个击破"的原则，缓和和约束某些方面的斗争，以便集中地打击主要敌人，并使我们能够集中更多的精力，改善国内的经济状况。他认为，在对外斗争中要小心谨慎，注意策略，而不能勇往直前、一斗到底。在当前要注意避免把美帝国主义的锋芒全部集中到中国来；对中印边境问题，要设法打开僵局，尼赫鲁不是中国的敌人；对苏联的斗争，要高度警惕赫鲁晓夫居心不良和力图孤立中国，甚至不惜同我分裂。为此，在国际斗争中，“我们不宜突出，不宜打头阵（在目前国内情况下，对外似宜一般都暂不过分突出）。”

自从赫鲁晓夫上台以后，随着苏联经济军事实力的上升，苏联缓和对美关系，企图建立美苏合作主宰世界的新秩序。因此，苏联在与美国争夺势力范围的同时，在相当程度上缓和了与美国尖锐斗争的局势。1959 年赫鲁晓夫实现访美，美国总统也回访苏联。在这种大背景下，中国所采取的与美国坚决斗争的策略就很显眼，美国也逐步认为中国的危险性加大，用更多的物力和军力对付中国。在中印边界争端上，虽然我们采取了最大程度的克制和忍让，但是由于一段时期以来“好斗”的对外形象，加上印度和苏联的片面宣传，我们一直处于被人冤枉的境地。王稼祥建议的实质，是要进一步缓和中印和中苏关系，争取广大第三世界国家和东欧国家的支持，改善中国的国际形象。至于同美国继续打笔墨官司，说几句、骂几句其实倒没有什么大碍，反正骂美国的并不只是中国一家。

据此，王稼祥向中央建议说：“国与国之间关系的发展好像有这样的情况，当两国之间有争议时，互不相让，一方攻一下，对方反攻一下，于是一方再反击，对方再反击，如此循环下去，争议愈闹愈大，关系愈弄愈紧张，一直可以完全破裂。但是，假如一方松动一下，逼得对方也不能不松动，假如对方不松动就会被动，这样争议又可以缩小，友好关系又可能逐步争取恢复……当然，这是就主观能动性方面而言的，毕竟国与国之间的关系不能光凭主观努力而定，最后要决定于每个国家的性质，当权者代表什么阶级、阶层及其政策路线，国与国之间的力量和利害关系，以及争论的性质和范围等。”“这就是说，存在着客观可能性的限制。但是，主观能动性是绝不可以低估的，否则对我们是不利的，看来，有进、有退，有攻、有守，有争、有让，有拖、有解，好像这些都是对外斗争中必不可少的手法。”

（七）关于中国的对外援助问题。王稼祥指出：“我们应该支持别国的反帝斗争、民族独立和人民革命运动，但又必须根据自己的具体条件，实事求是，量力而行。特别是在我国目前处于非常时期的条件下，更要谨慎从事，不要说过头，做过头，不要过分突出，不要乱开支持的支票，开出的支票要留有余地，不要满打满算，在某些方面甚至需要适度收缩，预见到将来我办不到的事，要预先讲明，以免被动。”

从50年代初期开始，新中国本着无产阶级国际主义原则和人道主义原则，向一些第三世界国家和社会主义国家提供援助。中国的援助大多是无偿的，并且不附加任何政治条件。随着新中国国力的逐步增强，对外援助也越来越多。但是，到了60年代，中国的对外援助处于十分困难的境地：一方面，我们在国内面临着巨大的经济困难，自顾尚且不暇；另一方面，由于我们同苏联和印度关系的恶化，为了配合斗争的需要，我们又不得不继续维持甚至进一步加大对外援助的力度。这些援助在相当程度上是我们力所不及、力所不逮的。历史的经验证明，王稼祥提出的“实事求是，量力而行”的原则，不仅在当时是根据国内形势做出的正确决策，而且也是符合我国长远利益的正确指导原则。数十年后，我们终于为此付出了沉重的代价：越南、阿尔巴尼亚……都是明证。

王稼祥是中国共产党的老党员，长期担任党的高级领导职务。长征途中，正是他最先接受了毛泽东正确的主张，并在遵义会议上坚决支持毛泽东的领导，才使以毛泽东为代表的党内正确领导占据了上风，挽救了中国革命事业。长征以后，王稼祥继续鼎力支持毛泽东。新中国成立后，王稼祥作为新中国首任驻苏联大使，为中苏友好和新中国的建设事业做出了重要贡献。王稼祥离任回国后，在中共中央对外联络部担任领导职务，继续为党和新中国的外交事业操劳。王稼祥的上述建议是经过了缜密思索，出于对党和国家高度负责的精神，在反复征求意见的基础上提出来的。

总之，王稼祥同志从当时国内面临很大经济困难，国际上同美帝、苏修、印度反动派关系全面紧张，蒋介石集团蠢蠢欲动的实际情况出发，向中央提出一些有关同帝、修、反斗争的策略和援外的方针性建议，不仅在决策建议方面富有远见卓识，而且从组织原则来讲，这样做也没有错。[①]

1962 年 7 月，世界和平理事会在莫斯科召开世界裁军大会，中国派出以茅盾为团长的代表团参加。代表团团长的讲话稿，事先由王稼祥主持，经集体研究，由熊复执笔起草。

据熊复回忆：

① 《王稼祥传》，当代中国出版社 1996 年版，第 559～564 页。

> 稼祥同志提出，我们在一切国际活动场合讲话，不仅要表示充分支持广大殖民地半殖民地民族解放运动的立场，而且要表示高举和平旗帜的立场。只讲支持民族解放运动而不讲拥护世界和平，把争取和平力量这样一个更加广泛得多的同盟军放在一边，不符合马克思主义的策略观点。争取和平的斗争当然不是革命，但它同革命是相辅相成的，是为革命而争取和团结一切可以争取和团结的力量。①

正因为这是世界裁军大会，讲话稿中和平、裁军的字眼和内容，自然用得多一些。

关于代表团在莫斯科会议上的情况，据当时的代表团成员回忆，当时王稼祥搞了一些文件，主要是参加国际会议的“宣传口径”和“活动方针”的问题。最高峰是 1962 年莫斯科裁军会议，王稼祥提出方案并主持起草讲稿。代表团团长是茅盾，副团长是康永和，成员有阎明复等。代表团出国前，中央书记处开会，完全同意王稼祥提出的方针和方案。这一方案实际上就是 1961 年开始酝酿一系列战略和方针措施，亦即刘少奇 1960 年底同赫鲁晓夫达成的协议：先不要公开吵架，而是先经过中苏两党内部协商，再跟主要兄弟党协商，然后才拿到大会上去。这次莫斯科会议第一次实行这个协议。大会期间，中方有关同志同安德罗波夫进行了交谈，达成了些协议。双方

① 《回忆王稼祥》，人民出版社 1991 年版，第 175 页。

观点当然有差异，各人坚持各人的立场。然后开兄弟党会议。在公开会议上茅盾讲话。会议没有最后开完，阎明复等提前回国。一回到北京，邓小平、彭真、王稼祥就在怀仁堂听取了汇报，完全支持他们的工作，也就是支持稼祥同志的方案，支持刘少奇同赫鲁晓夫的协议。阎明复认为，在他所参加的许多会议中，这是最成功的一次。

代表团本着与苏共缓和的基本精神，临机处置，同意了比讲话稿的调子更低得多的、没有反对美帝国主义字样的共同文件，从而引起几个亚非国家代表团的不满。康生等人抓住中国代表团在莫斯科裁军大会期间工作中的某些缺点错误，并联系当时王稼祥关于对外工作的见解和主张，加以歪曲，无限上纲，扣上了“三和一少”（对帝国主义、修正主义、各国反动派和，支持各国革命运动少）的大帽子。毛泽东对此也曾批评说，这样做“脱离了左派，加强了右派，增加了中间派的动摇”。事实上，在60年代初，同苏共在国际群众团体内的斗争策略是比较复杂的，需要从斗争的全局出发，既坚持原则，又坚持团结。毕竟我们当时的主要敌人是美国，而不是苏联。因此，根据王稼祥的意见，代表团在莫斯科裁军大会上所采取的既斗争、更注重团结的斗争策略，与王稼祥向中央建议的内容是一致的，大体上是沿着正确的方向做的，是符合中国的国家利益的。

在亚非一些国家的批评压力下，在毛泽东以及其他一些中央领导同志的严厉批评下，中联部和王稼祥被迫停止执行缓和政策。在同年8月参加在东京举行的禁止原子弹、氢弹大会上，中国代表团仍派出了基本上是原班人马，但是采取了与一个月前截然相反的立场和态度，纠正了7月在莫斯科世界裁军大会上的做法。这样做终于赢得了毛泽东的满意。毛泽东不无高兴地说过："7月犯错误，8月改。"

据有关人士后来回忆，毛泽东把国际上"三和一少"同国内"三自一包"相联系，形成了党内出现新右倾思想这种概念。这是在1962年北戴河会议之前形成的。这个概念的形成，对党的历史发展，对中国的历史发展，产生了极大的影响。在北戴河会议上，由于毛主席在党内的威信、地位，所有的人都接受毛主席的意见。王稼祥马上按照毛主席的方针，重新考虑在国际会议上的做法，起草了一个参加日本关于禁止原子弹会议的方案，还是用参加莫斯科裁军会议的原班人马，但是方针按照毛主席的方针，对苏联以及所谓修正主义国家和党的代表，针锋相对，就是要吵架。按照这个方针，在禁止原子弹会议上做了个典型试验。当时认为这样就好了。对王稼祥来说，通过这次会议改正了错误。

第三章

波　折

关山飞渡——1962 年的中国

一、毛泽东对中国社会主义道路的思考

◎台湾海峡的新危机

◎毛泽东抚今追昔

◎困难就是那么一点，有什么了不得

◎“单干风”

◎“修正主义”是什么意思

七千人大会后，毛泽东在武汉盘桓了一些时候，又到东南沿海巡视。

毛泽东之所以到东南沿海巡视，是因为国际国内局势又有了新的变化。这些日子，台湾海峡对面的老对手蒋介石也在闹腾，蠢蠢欲动，要搞什么“反攻大陆”。

1958年炮击金门后，中共中央根据形势的发展，从实现祖国统一大业这一中华民族的根本利益出发，进一步确定了关于台湾问题和对台工作的总方针，其基本精神是：台湾必须回归祖国，这是原则问题，没有商量的余地，更不会让步；台湾回归祖国后，除外交必须统一于中央外，当地之军政大权、人事安排等，听从蒋介石的意见；台湾军政及经济建设费用不足部分，由中央拨付；台湾的社会改革可以从缓，必须待条件成熟，并尊重蒋介石的意见协商进行；双方互不派特工人员，不做破坏双方团结的事情。

然而，蒋介石从反共立场出发，顽固坚持“反攻复国”的

反动政治主张。在中共中央这项和平统一方针政策出台之际，大陆正处在经济困难时期，国际上掀起了一股反华逆流，中印边境也出现了紧张局势。当时发生了两个重大事件，对蒋介石下决心实施军事反攻大陆起了作用。一是 1961 年底，中国驻北欧的一名外交官在美国间谍机构的策反下叛逃，向美国方面出卖了中国国内经济严重困难的情报。蒋介石从美国方面获取了这一情报。二是“三年困难时期”有大量饥民越界外逃。1962 年春荒期间，有近万人逃往香港，蒋介石派船将其中一部分难民接到台湾，从中进一步了解了大陆经济形势的严重危机。

蒋介石错误地估计形势，认为反攻大陆的时机已经到来。他在 1960 年 9 月召开的国民党八届三中全会和 1962 年元旦文告中，大肆攻击“三面红旗”，特别是“人民公社”制度，许诺将来反攻大陆成功以后，将把土地重新分给农民。他还鼓吹要以“革新”重启“革命契机”，动员和集中反共力量，以“战斗”争取反共的胜利；声称“我们已掌握了复国之钥，进而打开铁幕之门的时刻到了”；吹嘘“国军一旦开始反攻，可以在三五年内定全国”。1962 年的国民党八届五中全会，通过了《光复大陆指导纲领》。

在进行宣传造势的同时，台湾国民党当局加紧进行“反攻大陆”的准备：成立了以蒋介石、陈诚为首的“反攻行动委员会”，开设“战地政务局”，在岛内征收“国防临时特别捐”，加强对士兵反攻大陆的政治教育，鼓动士兵为“光复大陆”“献身”，甚至连士兵的鞋子和皮带上都刻上“光复大陆”的字样。此外，还从日本购进了大量血浆，全岛弥漫着“反攻大陆”的战争气氛。

为了对付可能出现的危险局面，遵照中共中央指示精神，中央军委采取了八项紧急措施：研究作战方针和战备计划；调整部署，加强东南沿海军事力量；指示部分空、海军和特种兵做好作战准备；对预定参战部队补充兵员和弹药；协调地方有关部门落实支前工作等。同时，东南沿海地区的部队有针对性地展开了登陆、抗登陆、反窜扰等军事课目的训练，当地的人民群众和民兵也积极行动起来，随时准备支援和配合解放军作战。

中共中央在考虑如何对付国民党军队的反攻时，设想了多种应急方案。一种是严守海岸线，把国民党反攻军队消灭在台湾海峡；另外一种是放弃海岸线，放国民党军队登陆，采取诱敌深入的办法，让出福建、浙江一部分地区，退守江西一带，然后聚而歼之。后决定采取第一种方案。当时林彪离开了长期休息的北戴河，于酷暑中飞抵武汉，坐镇中原，全面策划防御事宜。总参谋长罗瑞卿亲赴福建前线部署防御。据老一辈人讲，当时由于兵员极度减少，物资匮乏，解放军白天向福建前线发出一列列满载武器的盖着帆布的军列，晚上又悄悄拉回来，第二天再拉往福建前线，以为“疑兵之计”。当时故意不打从台湾起飞的间谍飞机，让台湾方面侦察到军列的“情报”，有意让台湾方面产生大陆已经做好充分准备的假象。同时征召复转军人重新入伍。在广东延迟退伍一年，并将1961年退伍的一个师约6000人重新征召入伍。在东南沿海数省实施战备动员；在全党进行防御国民党反攻的思想动员；加强了对地富分子的管制和教育。

中央军委所采取的各项战备措施，一方面从最坏处着眼，进行了充分的军事斗争准备；另一方面通过造势，对台湾当局起到震慑作用，迫使其放弃“反攻大陆”的阴谋行动。党中央、中央军委这一斗争策略，在实际斗争中收到了较好效果。台湾当局对东南沿海军民声势浩大的战备行动产生了畏惧心理，不敢轻举妄动。

同时，中央还在外交方面主动出击，利用美国牵制蒋介石。美国从自身的战略利益考虑，不赞成台湾当局进行大规模的“反攻大陆”行动，认为台湾对大陆采取军事行动，是“以卵击石”、“等于自杀”。台湾同大陆打起大仗，会使美国卷入中国内战，影响美国在越南的军事行动和重点在欧洲的战略。

在初步完成了军事外交准备以后，1962 年 6 月 10 日，中共中央向全国发出准备粉碎国民党军进犯东南沿海地区的指示[①]，号召全党、全军、全国人民提高警惕，加强战备，决不让台湾国民党当局的阴谋得逞。6 月 18 日，新华社对外公开发布了这一指示，公开揭露美蒋阴谋，达到了威吓的目的。国民党方面单靠自己无法实现反攻大陆，美国方面拒绝支持；鼓动大陆人民“起义”的得意算盘又没有打成。在这种情况下，台湾当局不得不放弃大规模的军事冒险计划。

虽然是“有惊无险”，但对蒋介石的反攻“喧嚣”毕竟不

① 《建国以来重要文献选编》第 15 册，中央文献出版社 1997 年版，第 481～484 页。

能不保持警惕。

毛泽东是一位兼具文韬武略的伟大领袖，其华章佳作已广为人们传颂。1962 年 5 月初，《人民文学》发表了毛泽东的《词六首》，《人民日报》等国内各大报刊迅速予以转载。这六首词即《清平乐》《采桑子》《减字木兰花》《蝶恋花》，以及两首《渔家傲》。

这六首词写于 1929～1931 年，是“在马背上吟成的”（毛泽东《词六首・序》）。北伐战争后期，国共分裂，毛泽东等人发动湖南农民暴动，失败后率领暴动余部上山打游击，开辟了井冈山革命根据地，打退了国民党地方武装和中央武装的多次围剿，开始走上农村包围城市、最终夺取全国政权的道路。那时，毛泽东意气风发，豪情满怀。且看他“唤起工农千百万”，“横扫千军如卷席”，“万丈长缨要把鲲鹏缚”。的确，这三年是毛泽东比较独立地领导中共武装斗争的一个局部并不断取得胜利的三年，是毛泽东后来确立其在中共党内、军内崇高威望和无可争议的领导地位的开始。正是由于这几年的井冈山斗争的连续胜利，尽管后来毛泽东一度被王明集团赶下台去，但是他卧薪尝胆，审时度势，故而当王明“左”倾错误穷途末路，黔驴技穷之际，在 1935 年 1 月长征途中，中共在遵义召开历史性会议，会上毛泽东东山再起，战胜了王明“左”倾冒险主义集团，从此逐步成为党和军队众望所归的领袖。

作为对中国历史产生了深刻影响的一代伟人，毛泽东在其奋斗的一生中，写下了大量的诗篇，被广泛传诵。其中一些诗篇不仅具有很高的艺术性，而且具有很强的战斗性。“诗言志”，不仅这些诗词的写作是有感而发，而且这些诗词的发表也反映出毛泽东对形势的分析和判断，配合了现实的斗争生活。

毛泽东的诗词从一个侧面反映着时代和他内心世界的变化。

到底怎样判断国内的经济形势？在这个问题上，毛泽东与党内不少高级领导存在尖锐的分歧。发生经济困难以来，人们对困难的程度、何时可能好转，在认识上一直存在着差别。对形势如何估计，直接关系着下多大的决心、采取什么样的措施调整经济。这往往又涉及是“左”了还是右了这种带政治性的看法。

毛泽东对经济形势的看法，不同于中央多数人。他不赞成“西楼会议”以及5月中央工作会议所强调的“最困难的形势还没有过去”的观点。他认为，形势没有那么严重，已经在好转，而且几年就能完全好转。他在一次谈话中说：我周游了全国，从中南到西南，找各大区同志谈话。每个省都说去年比前年好，今年比去年好，看来并非一片黑暗。有的同志把情况估计得过分黑暗了。我是中间派，应当说基本上是光明的。

怎样看待农村出现的包产到户等农业生产关系的改革，这是毛泽东与一些中央领导人之间存在的又一分歧。

在刘少奇主持的一系列调整政策中，最使毛泽东不能忍受的，是刘少奇、邓子恢、邓小平、陈云等人鼓吹的包产到户。他绝对不能容忍这种“走资本主义道路”的做法。为准备7月中央工作会议解决农业问题，1962年5月26日，党中央指示各中央局、省、市、自治区党委对农业生产关系、生产力等方面的重要情况和问题，系统地进行调查研究，提出切实可行的办法。对于农村实行包产到户等各种形式的责任制问题，党中央采取了积极探讨，慎重对待的科学态度。

毛泽东的观点十分明确：绝不能把包产到户当作中国农村的长期制度！中国农民的唯一出路是走集体化的道路。毛泽东是个农民的儿子。他熟悉农村，熟悉农民，熟悉他们的长处和弱点。他坚定地认为，中国农民的唯一出路就是走合作化、集体化的道路。从年轻时代，他就设想有一天亿万中国农民将走上合作化的道路，并进行了“新村”的实践。新中国一建立，他就立刻着手推行合作化运动。按照这一理想，他把农业的合作化、集体化运动不断升级，在1958年发动了“人民公社化运动”。农村经济的恶化，毛泽东并不认为是人民公社造成的。毛泽东认为，集体化是农民的根本出路，是不容动摇的方向，现在的问题是要探索集体化切实可行的具体形式。以生产队为基本核算单位，是毛泽东调整农村政策的最后界限，如再进一步调整，搞包产到户什么的，就认为是走资本主义道路。毛泽东认为绝不能回到单干的老路上去。分田单干，必将造成贫富分化，在农村形成新的阶级分化和阶级斗争。如果党支持这么干，实质上是支持了新富裕起来的富农阶层，抛弃了贫穷的农民大众，最终党就会走到“修正主义”的道路上去。

在甄别平反，进行政治关系调整方面，毛泽东也有自己的看法。

毛泽东注意到的另外一件事情，就是彭德怀要求平反的长达 8 万余字的申诉信。

1962 年 1、2 月，七千人大会决定给几年来被错误批判的党员、干部甄别平反，由邓小平主持这一工作，做出了很大的努力，取得了显著成绩。但是，甄别平反最后的界限在于，对谁都可以研究给予平反，唯独对彭德怀不能平反。彭德怀被剥夺权利，没能出席七千人大会。会后他得知刘少奇说他“是高饶反党集团成员”“有国际背景”“阴谋篡党”后，大哭了一场，他不得不起而为自己辩护，进行申诉。经过几个月的艰苦写作，他于 6 月 16 日向中共中央和毛泽东主席以信的形式报送了一个长达 8 万字的申诉材料（后被称为“八万言书”）。

彭德怀的“八万言书”，共五个部分。第一部分，庐山会议前后的情况。第二部分，关于高饶联盟的问题。第三部分，我同外国人的一些接触过程。第四部分，我的历史过程及其几个问题（其中包括彭德怀自幼以来的家庭情况，参加平江起义以后各个历史时期中，自己的思想、工作、战斗情况，并对其中缺点错误的方面作了严格的自我解剖，也对 1959 年以来对他历史批评上的若干问题作了说明）。第五部分，关于军事路线。彭德怀给中央的信，特别是“八万言书”，等于把庐山会议及其以后对他的错误批判和结论从根本上否定了。这同七千人大会上对庐山会议错案的维护相对立，进而同维护毛泽东本人领导正确性的需要相冲突，因此绝不能接受，必须给予“反击”。

毛泽东的思绪转向近年来的平反工作。给错误地批判和处分的同志平反，是调整以来在一线的刘少奇等同志，特别是邓小平积极抓的一项工作。执行之中，既有“左”的阻力，也有极个别真有问题的人乘机闹翻案。一些当年主持案件审理工作的同志感到压力很大。毛泽东对“一风吹”的做法很不赞同。对知识分子政策和统战、民族工作的调整，在毛泽东看来，一些做法也是坚决不能同意的。

毛泽东坚信：翻案不得人心！

毛泽东把目光从中国转向世界，转到国际共产主义运动中出现的问题时，毛泽东对社会主义时期阶级斗争问题的认识有了重大发现：苏共领导集团在搞修正主义，中国也出了修正主义。

1956 年苏共二十大起，中苏两党在一系列重大问题上发生分歧。1956 年 10 月匈牙利事件后，毛泽东提出了批判修正主义的任务。5 月 15 日，毛泽东在《事情正在起变化》一文中分析党内思想状况时提出说：“在共产党内部，有各种人。有马克思主义者，这是大多数，有一部分人有教条主义错误思想，又有一部分人有修正主义或右倾机会主义错误思想。这些人比较危险。”并说：“我党有大批知识分子新党员（青年团员就更多），其中有一部分确实具有相当严重的修正主义思想。”

由国际上有“修正主义者”，到国内也有“修正主义分子”，由国际上“反修”，到国内也要“防修”，这是几年来“反对现代修正主义”理论与实践“合乎逻辑”的延伸。尽管这时对国内“修正主义分子”的认定还只限定在狭小的范围内，尽管这时对国内“防修”的考虑还只是初步的笼统想法，并且认为危险主要是在老一辈不在了之后，但是，这些初始的认识却给后来国内“防修”理论与实践的系统化提供了足可以发展的起点。

毛泽东的这一结论，决定了此后中国十几年的走向。

二、“一片汪洋都不见”的北戴河

◎三个大问号：阶级和形势、矛盾

◎毛泽东初批“三风”，邓子恢是重点

◎三个大问号的标准答案

◎利用小说进行反党活动，是一大发明

◎八届十中全会公报

◎刘少奇对毛泽东的维护

◎后人的迷惑与解悟

◎八届十中全会后的中国

1962年7月下旬，中共中央在北戴河召开工作会议。毛泽东、刘少奇、周恩来、邓小平及各中央局、各省市自治区党委、中央各部委负责人出席了会议。会议原定主要讨论农业、城市、财贸等方面的问题，以农业问题为重点。

会议前期，按照预定议程讨论农业和经济问题，气氛平静。但随后毛泽东先后七次在中心小组会议上发言，中心话题是三个：阶级、形势和矛盾。毛泽东的讲话打乱了预定议程，会议气氛骤然紧张。

8月5日，毛泽东在华东、华中组会议上说：一搞包产到户，一搞单干，半年的时间就看出农村阶级分化很厉害。有的人很穷，没法生活。有卖地的，有买地的，有放高利贷的，有娶小老婆的。

8月6日，毛泽东又在大会上发言，主题是阶级、形势和矛盾问题。

毛泽东先从赫鲁晓夫领导的苏共说起。关于阶级问题，毛泽东说，社会主义国家，究竟有没有阶级？在外国有人讲，没有阶级，因此党是全民的，不是阶级的工具、无产阶级政党了，无产阶级专政不存在了，全民专政没有对象了，只有对外矛盾了。像我们这样一个国家是否也适用呢？

毛泽东话题回到国内。关于形势，他说，究竟这两年如何？有什么经验？有人说农村去年比前年好，今年比去年好，这个说法对不对？有些同志过去曾经认为是一片光明，现在是一片黑暗，没有光明了。引得一些同志思想混乱，丧失前途、丧失信心了。是不是一片黑暗？两种观点哪种对？

关于矛盾问题，毛泽东说，如果承认国内阶级还存在，就应该承认社会主义与资本主义的矛盾是存在的，阶级的残余是长期的，矛盾也是长期存在的。不是几十年，我想是几百年。究竟哪一年进入社会主义，进了社会主义是不是就没有矛盾了？现在有一部分农民闹单干，究竟是走社会主义道路还是走资本主义道路？农业合作化要不要？“包产到户”还是集体化？现在就闹单干之风，到上层更大。闹单干的是富裕阶层、中农阶层、地富残余，资产阶级争夺小资产阶级搞单干。如果无产阶级不注意领导，不做工作，就无法巩固集体经济，就可能搞成资本主义。

毛泽东的讲话，一下子把大会引到以阶级斗争为中心，以阶级斗争为纲来解决经济问题。对有没有阶级存在问题、对经济形势的判断、对“包产到户”问题的看法，已经不单单是对国情的观察认识问题，而是一个严肃的政治斗争的大是大非问题，是走社会主义道路还是走资本主义道路的政治立场问题了。

毛泽东把问题提到这样尖锐的程度，所有的与会者都被迫在“是”与“非”之间做出选择。人们在思考、疑虑、动摇、彷徨、反复……①

8月9日，毛泽东在中心小组会上再次讲话，就三天前自己提出的问题自己又明确地给出了“标准答案”。

关于阶级，毛泽东一开始即严厉指出：今天单讲共产党垮得了还是垮不了的问题。共产党垮了谁来？反正两大党，我们垮了，国民党来。国民党干了22年，垮了台。……全世界合作化，我们搞得最好。改变了生产资料所有制，不等于解决了意识的反映，社会主义改造消灭了资本主义的所有制，不等于政治上、思想上的斗争没有了。思想意识方面的影响是长期的，资产阶级是可以新生的。

关于形势，毛泽东说：要有分析，不能讲一片光明，也不能讲一片黑暗。从1960年下半年以来，已经有两年了，大家只谈黑暗，不讲光明。任务是从分析形势提出来的。既然认为

① 从进：《曲折的岁月》，河南人民出版社1996年版，第514～515页。

一片黑暗，任务的提法就不同。既然是一片黑暗，就证明社会主义不行，因而就要全部单干。认为大部黑暗，略有光明，采取的方法就是大部单干，小部集体。任务不同，必然反映到方针、措施、世界观上来。据说只有这样才能增产粮食，否则农业就没有办法。

毛泽东接着说：单干势必引起两极分化，两年也不要，一年就可以看出阶级分化很厉害。"一方面是贪污多占、放高利贷、买地、讨小老婆，其中包括共产党员、共产党的支部书记；一方面是破产，其中有四属（军、工、烈、干属）户、五保户。"他尖锐地说：赫鲁晓夫还不敢公开解散集体农庄呢！这几年的做法，打击集体，有利于单干。单干风从何而起？党内有些人变坏了，贪污腐化，讨小老婆，搞单干，招牌还是共产党，而且是支部书记。这些人很明显，把群众当奴隶，有些同志马克思主义化了，化的程度不一样，有的化得不够。我们党内相当一部分同志，对社会主义革命缺乏精神准备。他批评邓子恢等人支持包产到户是代表富裕中农要求单干，甚至是站在地主、富农、资产阶级的立场上反对社会主义，要求这次会议上无论如何要解决这个问题。

毛泽东接着说：有些同志一有风吹草动，就发生动摇，那是对社会主义革命没有精神准备，或者没有马克思主义。没有思想准备，没有马列主义，一有风就顶不住，大家分析一下原因，这是无产阶级同富裕农民的矛盾。地主、富农不好讲话，富裕农民他们敢于出来讲话。上层影响要估计到。有的地委、省委书记，就要代表富裕农民。要花几年工夫，对干部进行教育，把干部轮训搞好。不然搞了一辈子革命，却搞了资本主义，搞了修正主义，这怎么行？这就是说，主张包产到户的地委、省委书记，代表的是富裕农民的利益，而不是广大贫农的利益，是“搞了资本主义，搞了修正主义”，是比赫鲁晓夫还要赫鲁晓夫的人物。

毛泽东对经济形势的分析，与采取什么经济措施联系在一起；包产到户还是集体经济，这些措施之间的区别，也与阶级分析联系了起来。这样，他对包产到户的批评，便从阶级斗争的思想认识上，把问题提到无产阶级专政还是资产阶级专政、走社会主义道路还是走资本主义道路这样的政治高度，从而使经济形势的分析、经济措施的选择，无不带上阶级和阶级斗争的印迹。

毛泽东的讲话使与会者神经骤然紧张起来。经过几天讨论，与会者纷纷发言，表明立场。陶铸于 8 月 10 日在中南组发言。陶铸说，我认为毛主席在这次会议一开始就提出几个重大的原则性问题，意义是十分重大的。谈到阶级和阶级斗争问题时，陶铸说：承认这个问题，对于我们共产党人来说，本来是天经地义的事情。如果不承认，那怎能叫作共产党？可是在许多具体问题的认识上，少数同志确有不承认阶级和阶级斗争的现象，特别是在遇到困难的时候，就有那么一些人不想搞阶级斗争，企图另找出路。社会主义与资本主义两条道路的斗争，肯定是长期的。农村中的两条道路的斗争，只要富裕中农作为一个阶层存在一天，这个斗争也就会存在一天，而且必然会反映到党内来。在中南地区，已经分户单干的尽管不算多，闹单干的或想搞单干的还大有人在，绝不可低估。对于已经分户单干的，首先要表明党的坚定的态度，教育广大干部和农民坚定地走社会主义道路。在具体工作上，必须采取谨慎的步骤，不能简单粗暴。关于农业生产经营管理的形式，确实还存在不少问题，我们必须重视，加以解决，这对巩固集体经济是非常重要的一着。谈到形势问题时，陶铸说：国际方面，形势大好。国内形势的好转，对国际形势影响很大，所以，首先还是要把国内工作做好。做好国内工作的中心环节是恢复与发展农业。农业恢复了，工业随之也可以逐步恢复和发展起来。陶铸还就社会主义与资本主义的矛盾、积累与消费的矛盾、统一与分散的矛盾、正确与错误的矛盾，谈了自己的看法。总之，陶铸的认识与毛泽东的想法是基本一致的。

1962 年 7 月前，包括刘少奇、陈云等中央高层领导对形势的判断、对包产到户基本都是持赞同态度的。随着毛泽东从邯郸回京后态度的明朗化，中央大多数领导人的态度都发生了变化。主持中央日常工作的刘少奇在 7 月 18 日对下放干部的讲话中，专门批评了包产到户。特别是当毛泽东批评刘少奇对于陈云关于农村实行重新分田包产到户的建议“为什么不顶住”以后，刘少奇不得不迅速转变，向毛泽东方面靠拢。在北戴河会议和八届十中全会上，刘少奇与毛泽东保持一致，积极展开了对包产到户的批判，刘少奇因而没有受到批判“单干风”的直接冲击。8 月 11 日刘少奇在中心小组发言，承认前一阶段对困难看得过重了。他说，5 月会议我对困难估计有两点过分：一是说 1962 年夏收减产已成定局；二是说单干在全国已占

20%。周恩来继“反冒进”后，又一次做了深刻的检讨。7月上旬，陈云向毛泽东提出注意发挥个体生产积极性的意见，但受到严厉批评。陈云因为腹泻没有与会，但看到毛泽东的发言后也交出了书面检讨，表示：“7月24日（关于巩固人民公社集体经济、发展农业生产）的决定草案，我已看过，我完全同意中央作这样一个决定。”陈云转变了态度，因此没有受到批判“单干风”的直接冲击，在半个月的会议中，始终未点陈云的名。会后，毛泽东表示，陈云的意见是错误的，但他有组织观念，守纪律，是向中央常委陈述的，没有对外宣传，因此在会上没有点名批判。

邓子恢是批判的重点。

8月9日的中心小组会上，有人揭发邓子恢六七月间的几次报告有问题，会上就把邓子恢6、7月间的几次报告记录稿拿出来批判，说邓子恢在困难面前发生动摇，是代表了富裕中农阶层搞资本主义农业的要求。邓子恢不得不申述说，这些记录稿未经本人审阅，有些记录与讲的有较大出入，有些批判是无中生有，别有用心。陈伯达说：邓子恢同志对于农业合作化、人民公社化有许多荒谬的说法，什么人民公社不如高级社，高级社不如初级社，初级社不如互助组，互助组不如单干，实际上是走资本主义道路。柯庆施说：邓子恢同志是赞成以农业为基础的，因为他是管农业的，但他思想上最大的一个问题，是认为目前自耕农的生产方式是最先进的，他这个思想是12年一贯，所以实际上他成了富裕中农的代表。有人攻击道：“听说你训了毛主席两个钟头，想翻农业合作化的案吗？”

邓答："我当初就是这样检查的，我没有想翻农业合作化的案。"有人攻击道："你在总后的报告内容是恶劣的。"邓答："那是你们把干部思想情况反映给我，你们请我去讲的。你们搞的记录没有给我看。"有人攻击道："那这都是强加给你的?"邓答："你们认为呢?"会议气氛很紧张，火药味很浓。

但是，压力太大了，邓子恢不得不做出让步。在8月11日的中心小组会上，邓子恢开始做自我批评。他说：6、7月间的几次讲话，说到"包产到户"，说"包产到户"有各种不同形式，有些是属于所有制的改变，已成为单干；有些介于集体与个体之间；有些则仍然属于集体经济的范畴，是集体经济生产责任制的一种形式，应区别对待，如果仍属于集体经济是应当允许的。现在看来这种说法是与毛主席、党中央的方针相违背的，是方向性的错误，也是我马列主义水平不高，毛泽东思想水平不高，思想方法上主观片面、组织上无组织无纪律的具体表现。

8月12日，毛泽东在一份材料上批示：

> 此件是1961年夏季庐山会议时印发的文件之一，现在重印发给各同志。中央农村工作部在那时还是正确执行中央路线的（第二部分的十条措施，其中包括如何正确对待单干问题），对形势的看法（第一部分的十条分析）也很正确。过了一年（其实只有10个月，即1961年8月到1962年5月底为止），中央农村工作部部长邓子恢同志就动摇了，对形势的看法几乎是一片黑暗，对包产到户大力

提倡。这是与他在1955年夏季会议以前一贯不愿搞合作社，对于搞起来了的合作社，下令砍掉几十万个，毫无爱惜之心，而在这以前则竭力提倡四大自由，所谓“好行小惠，言不及义”，是相联系的。我们欢迎子恢同志在1962年8月11日核心小组会议上所作的声明。他说，他在最近几天，已经觉得自己的单干主张是不正确的了，这是值得欢迎的。但他没有联系1950年至1955年他自己还是站在一个资产阶级民主主义者的立场上，因而犯了反对建立社会主义集体农业经济的错误（他那时，在城市，则主张依靠资产阶级，而不是依靠无产阶级），则是不够的，所以我在那会议上给他指出了这一点。[①]

8月20日，总政治部副主任肖华给毛泽东送阅了《对邓子恢所作关于当前农业生产和人民公社问题报告的反映》。《反映》说，5月31日和6月1日两个上午，邓子恢在总后礼堂作了《关于当前农业生产和人民公社问题的报告》（以下简称《报告》）。听《报告》的共有少校以上干部3000余人。听《报告》后，有些人有意见，提出了疑问：（一）觉得报告“有气”“有情绪”。有的干部对他所说的“过去像我这样的人也不敢讲话”很不满意，认为这样讲影响不好。（二）对《报告》中说单干也有一定的优越性，不少同志认为不妥当。（三）认为《报告》对农村形势的分析有问题，使人感到农村问题成堆。

① 《建国以来毛泽东文稿》第10册，中央文献出版社1996年版，第137页。

（四）《报告》中有些讲法和中央口径不大一样。如说农民的自留地、小开荒、借地将要增加到不超过耕地总面积的百分之二十，这和《60条》的规定不一致。与此同时，也有些同志认为，这个《报告》在有些方面讲得深透，能解决问题，有的还“很欣赏这个《报告》”。这主要是：（一）对批评干部特殊风和瞎指挥风很感兴趣。（二）认为对公社的经营管理问题讲得细、讲得新。（三）对他的“敢讲话”表示赞扬，认为“有风格”，“思想很解放、很大胆”。此外，还有人说邓子恢的作风好，他“经常下去作调查，掌握了很多材料，比一般干部了解的情况具体”。毛泽东看过这个材料以后写道：“看来，单干论在我们的军事干部中还有一点市场，但不占多数，占绝对多数的同志是拥护社会主义、反对资本主义的。”

9月25日，在八届十中全会上，董必武讲话谈到“单干风”时，毛泽东插话说：邓子恢曾当面和我谈过保荐责任田，我跟他谈了一个半钟头的话，我就受了一个半钟头的训，不是什么谈话，是受他的训。在毛泽东看来，基本核算单位下放到生产队，农村的问题，就调整生产关系方面来说，已基本上解决。以生产队为基本核算单位，是调整农村政策的最后界限，如果再进一步调整，搞什么包产到户，那就是走资本主义道路。毛泽东在会上一锤定音：“邓老，你再不管农业了，你管工业好不好。你那一套是资本主义的农业专家。现在搞单干，不能持久，总有一天要搞资本主义大农业。”

10月9日，中央下文撤销了中央农村工作部，邓子恢被调任为国家计委副主任。几天后，邓子恢约见毛泽东。毛泽东再次以包产到户为靶子，批评他“刮单干风”。邓子恢想不通，表示要辞去党内外一切职务，退休回老家度晚年。毛泽东没有表态。邓子恢此后基本赋闲在家。

田家英跟随毛泽东多年，深得毛泽东信任，但自田家英从湖南调查并赞同包产到户后，很快受到冷遇。毛泽东提议以党中央名义起草的《关于巩固人民公社集体经济发展农业生产的决定》，改由陈伯达主持，不让田家英参与其事。在八届十中全会上，毛泽东多次严厉批评了田家英的主张；田家英自此失去了毛泽东的信任。毛泽东的夫人江青一向对田家英无好感，借机给田家英戴上“资产阶级分子”的政治帽子。田家英思想很苦闷，想离开中南海，下去当县委书记，做些调查，研究一下社会主义究竟怎么搞，也好真正为老百姓实实在在做点工作。

1962年春，与安徽“责任田”受到否定的同时，支持“责任田”的安徽省委第一书记曾希圣被免职。在北戴河会议上，毛泽东多次严厉指名批评曾希圣是“要代表富裕中农的利益”，“为天下中农谋福利”。曾希圣随之从政治舞台上消失，突然从“大忙人”的巅峰上摔了下来，成了一个“大闲人”。被免去省委第一书记后，曾希圣仅挂个“华东局第二书记”的空头衔。移居上海后，他门前冷落，车马寥寥。过去对曾希圣言听计从、十分信任的中央政治局委员、华东局第一书记柯庆施，对曾不理不睬，不给工作，不让开会，态度判若两人。

北戴河会议上形势急转直下，对“包产到户”予以严厉批判和根本否定。1961年以来在全国范围兴起的以安徽“责任田”为主要代表的“包产到户”试验被强行加以制止，主张和赞同“包产到户”的人受到不同程度的冲击，一场批判运动由此发动，受牵连者达数百万人。

北戴河会议开到8月下旬结束，绝大多数与会者又来到北京，自8月26日起，参加八届十中全会的预备会议，直至9月23日止，继续讨论毛泽东提出的问题并拟定文件，为八届十中全会做准备。

在北京，王稼祥提出的“三和一少”成为批判的重点之一。

中共中央政治局委员、国务院副总理兼外交部部长陈毅，于9月14日下午在华东组发言。

陈毅说，现在有一股风，即三面和一面少。意思是说我们对美国斗得过分了，对修正主义斗得过分了，对尼赫鲁斗得过分了，要和缓一点。一少，是指我们对亚洲、非洲、拉丁美洲支持太多了，要少一点。这种“三和一少”的思想是错误的。大量的事实说明，我们同肯尼迪、赫鲁晓夫、尼赫鲁联合战线的斗争是躲不掉的，是非常必要的，但是我们的斗争又都是有分寸、有约束的，不能说已经斗过分了。对于民族解放运动，随着我们力量的不断增长和技术的提高，我们还应当给他们以更多的支持。在这个问题上，我们不能目光短浅，不能打小算盘，要打大算盘，不能只算经济账，要算政治账。所以又吹起了“三和一少”那样一股歪风，主要是三年暂时困难，把一些马列主义立场不坚定的人吓昏了。要批驳这种意见。现在我们的外交政策是正确的，它有助于我们争取时间，克服暂时的困难。如果采取机会主义的政策，不仅会影响对外斗争，而且会影响国内局势。

毛泽东在陈毅发言简报上批示："可看，很好。"

王稼祥参加了八届十中全会。在十中全会预备会西北组（组长是刘澜涛）的会议上，他联系毛泽东对出席莫斯科裁军大会中国代表团的批评，主动承担了责任，作了简短的检讨。随后，在国务院外办召开的一次专门会议上，指名批评了王稼祥。他虽然并不在场，但知道后心情很沉重，觉得有必要在十中全会全体会议上作检讨发言。他后来回忆说："我觉得问题严重化了，于是请中联部的几个负责人到我处，听他们对我的批评，另一方面要少数几个人代我起草一篇在十中全会全体会议上的检讨发言。""我写了封信呈给毛主席，信中说：关于我的错误我想当面请示。后来隔了一个短时间后，毛主席的秘书来电话，叫我去。"当我到了毛主席的房间，"毛主席就问我有什么事，我说：关于我在莫斯科裁军大会所犯的错误，想在全体会议上专门作一篇检讨发言。毛主席说：你的问题不必弄到常委会议上，也不必到中央全会全体会议上去作检讨，中联部有几个副部长对你有意见，你同他们好好说通了就行了。"

9 月 24 日上午，中共八届十中全会在中南海怀仁堂举行，毛泽东主持会议并首先讲话，进一步谈了阶级、形势、矛盾和如何对待国内党内的修正主义问题。

毛泽东回答了自己提出的阶级与阶级斗争问题：社会主义国家还有没有阶级斗争呢？应当肯定，还是有的，还是存在的。列宁在十月革命以后，曾经一再地讲过，社会主义革命胜利以后的一个长时期内，因为国际资产阶级的存在，因为资产阶级残余的存在，因为还存在小资产阶级，主要是农民阶级中间，还不断地生长着资本主义分子，所以，剥削阶级虽然被推翻了，它还是会长期存在，甚至于会复辟的。历史上封建地主阶级被资产阶级推翻，也有过复辟的情况。例如在英国和法国，就是几次复辟，几次反复。我们社会主义国家有没有可能出现这种情况呢？有可能的。南斯拉夫就出现了这种情况嘛，由工人、农民的国家变成了反动的资产阶级统治的国家。我们这个国家必须好好掌握。我们要好好认识这个问题，承认阶级和阶级斗争的存在。对于这个问题，我们的老干部要好好研究。要拿这个问题，向我们的中层干部、基层干部进行教育，特别是向青年人进行教育。不是这样，我们这个国家还有可能走向反面。当然，走向反面，也没有什么要紧。世界上的事情，肯定，否定，又要来个否定之否定，又要走向反面。如果我们儿子这一辈搞修正主义，把中国变成一个名义上是社会主义、实际上是资本主义的国家，那么，我们的孙子一辈呢？肯定会推翻他们的父亲，因为群众不满意嘛。事情又会走向反面。虽然如此，我们必须从现在就讲起，年年讲，月月讲，开一次中央全会就讲，开一次党代会就讲，使全党提高警惕，使我们有一条比较清醒的马克思列宁主义的路线。

毛泽东谈论形势时说：过去几年不太好，现在已经开始好转。现在无论国际、国内都是好的。社会主义阵营内部是复杂的，其实也很简单，道理就是一条，就是阶级斗争问题，马列主义与修正主义之间的斗争问题。

毛泽东又谈矛盾说：矛盾问题，包括我们同帝国主义的矛盾，全世界人民同帝国主义首先是美帝国主义的矛盾，各国人民同本国反动派（主要是反动的资产阶级）的矛盾，各国人民同修正主义的矛盾。在我们中国，人民群众也有同修正主义的矛盾。我们过去叫它作右倾机会主义，现在看，恐怕以改一个名字为好，叫中国的修正主义……我现在讲一讲怎样对待国内和党内的修正主义的问题。我说，还是照我们历来的方针，不要改变，即：不管什么同志，犯了错误，只要认真改正，我们就表示欢迎。还是我们在1942年到1944年整风运动时采取过的那个路线：惩前毖后，治病救人，团结——批评——团结。是非一定要弄清楚，不能是非不分。犯了错误的同志一定要诚诚恳恳地承认错误，实事求是地把问题讲清楚，不要吞吞吐吐，敲一下，吐一个字。民间传说里有这样一个故事，唐僧从西天取回来的经，被鲤鱼精吃掉了，孙悟空用金箍棒打，敲一下，它吐一个字，又敲一下，又吐一个字，吐出了中国的这么多佛经。为什么和尚念经要敲木鱼呢？据说就是这样来的。我劝同志们，不要采取这种态度。无论犯大错误或者小错误的同志，只要自己好好地想一想，回到马克思主义立场上来，我们就同他团结。不要以为犯了错误就见不得人，就不能做工作了。我们是许犯错误，许改错误，并且是帮助人改正错误的。这叫作一看二帮。我们要坚决采取这样的态度。一个同志犯了错误，只要真正改了，我们就信任他。一个人总会犯错误。我也有过错误。我有错误，我改了，你们也允许我犯错误，也允许我改错误嘛。去年6月在这里开会，我不是讲过一遍吗？我说，说我没有错误，那是不对的。人都是可以分析的。认为人不可以分析，像古时候的讲法，说世界上有一种圣人，所谓圣人者，就是没有一点缺点的人。这是形而上学的观点。我们是唯物辩证法的观点，我们认为，任何事物都是可以分析的。

在谈完主题以后，毛泽东话锋一转，接着说：不过，近来有股平反之风，无论什么都要平反，那也是不对的。我们的方针应当是：真正搞错了的，要平反，部分搞错的，部分平反；没有搞错、搞对了的，不能平反。毛泽东反对“平反风”首先是针对彭德怀，他在 8 月同华东、中南两大区负责人谈话时就说过：我对彭德怀这个人比较清楚，不能给彭德怀平反。

在批判“翻案风”上，陈伯达在全会上作了一个蛮不讲理的发言。他说：“今年 6 月间，彭德怀又来了一封 8 万字的不知羞耻自我吹嘘的长信，在信中对于他自己和以他为首的反党集团的活动，里通外国的活动，全部翻案，重新猖狂进攻。到了 8 月 22 日，他又来了一封卑鄙下流的信，总之，他是要来干扰我们的，不来干扰他是不甘心的。”

毛泽东批“翻案风”也是针对邓小平所主持的甄别平反工作的。中共中央宣传部 1962 年 9 月《宣教动态》增刊第 62 期登载了国家机关党委曾确定几个人为右派甄别试点对象的材料。这个材料说，今年 6、7 月间，国家机关党委曾向几个单位分别布置了个别右派的甄别试点工作，由于各种原因，这些人的甄别试点工作，有的没有进行，有的刚开了个头，或者只作了一些调查研究，提出意见就停止了。中共中央 1962 年 8 月 16 日对中央统战部 7 月 26 日“关于右派分子工作的几个问题"的请示报告的复示（中发〔62〕429号文件）指出："对右派分子不应当一般地提出甄别平反问题，只是对于其中个别确实完全搞错了的，即确实不曾有过右派言论、行动的，才作为个别人的问题，实事求是地予以改正。但是报告中所提如果右派分子本人和其家属要求甄别的（包括已摘掉右派帽子的人员），应该进行甄别的意见，是不妥当的。"1962年9月29日，毛泽东批示："刘、周、邓三同志阅。请邓查一下，此事是谁布置的？是组织部，中直党委，还是国家机关党委自己？此事出在中央机关内部，右派分子本人不要求甄别，而上级硬要'试点'，以便取得经验，加以推广。事件出在6、7月。其性质可谓猖狂之至。"

毛泽东批判"翻案风"也是针对小说《刘志丹》及有关的人。毛泽东在讲话中提到：近来出现了好些利用文艺作品进行反革命活动的事。用写小说来反党反人民，这是一大发明。这是在上层建筑方面做工作。凡要推翻一个政权，总要先造成舆论，总要先做意识形态方面的工作。毛泽东的讲话是有所指的。在康生的肆意诬蔑下，小说《刘志丹》被认为是"为高岗翻案"。

《刘志丹》是一部报告文学体裁的历史小说，歌颂了陕北革命根据地创建者之一刘志丹的革命业绩。作者李建彤，是刘志丹的亲弟弟刘景范的夫人。作者最早是在1956年应工人出版社之约而写的。初稿、二稿为传记体，1959年的第三稿改为小说体。曾印成清样征求意见。1962年夏，作者改出小说上部的第三稿，工人出版社准备出版，印成送审样书送审。阎红彦于7月看到样书后，曾给作者写信提出：这部书涉及西北革命历史，“这些问题需要由中央作结论，一个作者是负不了责任的”。小说在征求意见中也得到过一些陕北老干部的帮助和支持，职位最高者为习仲勋。为了征求更多人的意见，《工人日报》自1962年7月28日至8月4日连载发表了第二卷第一部分。《中国青年》杂志也予刊载。在8月北戴河会议期间，阎红彦一面向全国总工会和团中央领导人提出停止发表的建议，一面报告康生，还报告了杨尚昆。精于在党内搜寻斗争对象的康生得知后，立即要中共中央宣传部通知各地报刊不得发表这部小说，并于8月24日写信给杨尚昆，要中央书记处处理这个问题。康生在信中承认，他没有看过这部小说，但他武断地认为“这不是一个单纯的文艺写作问题，看来是带有政治倾向性的”。

康生认为，刘志丹与高岗都曾是陕北革命根据地的创建者和领导人，歌颂刘志丹的革命业绩，就等于歌颂了高岗，“就是为高岗翻案”；是为习仲勋篡党篡国制造政治资本；是剽窃毛泽东思想；是同中央苏区分庭抗礼。康生善于根据自己的想象顺藤摸瓜，相互株连，虚虚实实，真真假假，把很多人引入迷魂阵。他诬蔑习仲勋“勾结”刘景范及其爱人李建彤，“合伙炮制反党小说《刘志丹》，为高岗翻案”，并说习仲勋是“挂帅人物”，“是反党大阴谋家，大野心家”。在八届十中全会上，他写了一张条子递给毛泽东，上面写道：“利用小说进行反党活动，是一大发明。”毛泽东在会上念了这张条子，并且说：“凡是要推翻一个政权，总要先造成舆论，总要先做意识形态方面的工作。革命的阶级是这样，反革命的阶级也是这样。”从此开始了对《刘志丹》的批判。

由于康生的积极煽动，在事情的来龙去脉还没有闹清楚的情况下，就认定“习（仲勋）、贾（拓夫）、刘（景范）是个反党集团”，小说《刘志丹》是这一反党集团篡党篡国的“纲领”，立案审查。因小说《刘志丹》而被株连的情况，1979 年 2 月 1 日《解放军报》曾刊文作了如下揭发：

习仲勋同志，撤掉了副总理职务，被审查了 16 年，关押了 8 年；原经委副主任贾拓夫同志被撤职下放，“文化大革命”中被害死在（北京）郊外。劳动部部长马文瑞同志，“文化大革命”中被关押 6 年。一机部部长白坚同志，在一机部被斗争，说是因为他为小说提供了“炮弹”。湖南省劳动局的副局长刘宗焕同志，被沉在河里，含冤而死。原工人出版社的社长高丽生同志受尽肉刑，折磨致死，该单位的吕宁同志被打成内伤；周增林同志受了电刑；该书的责任编辑何家栋同志全家被赶到乡下，6 口人只给 30 元生活费，母亲和两个儿子在贫困中病死了。给作者带过路的陕北群众王悦贤、刘景华被迫害致死，陕甘边界揪出的所谓“彭、高、习黑爪牙”达一万多人。就连习仲勋同志在饭店里吃了几次饭的一个饭店经理，也遭逮捕，说他是习的“地下交通员”。由这个经理，株连到烤鸭店的经理、湖南饭庄的经理。仅这个行业，株连五十几户，逮捕十几人，死了五六人。

全会在抓阶级斗争和批判“翻案风”之下，成立了两个专案审查委员会，分别对彭德怀、习仲勋进行审查，并认为习仲勋、贾拓夫和刘景范是又一个“反党集团”。此外，还宣布撤销早在1959年和1960年被分别打成“反党集团主要成员”的黄克诚、谭政的中央书记处书记职务。

9月27日，八届十中全会结束时发表了会议《公报》。《公报》谈到国际形势时指出：

国际形势正在朝着更加有利于各国人民的方向发展。全世界人民反对美帝国主义的侵略政策和战争政策、反对新老殖民主义的斗争正在继续高涨。古巴人民在取得革命胜利之后，走上了社会主义的道路，不断地击败了美帝国主义的侵略阴谋；阿尔及利亚人民通过长期武装斗争，赢得了独立；老挝实现了停战和成立了临时联合政府；越南南方人民的爱国武装斗争不断地取得了胜利，印度尼西亚人民为收复西伊里安进行了胜利的斗争；日本人民为反对美帝国主义的侵略和压迫进行了连续的英勇的斗争；这些都是亚洲、非洲、拉丁美洲各国人民民族民主运动蓬勃发展的重要标志。全世界各国被压迫民族和被压迫人民争取民族独立、民主和社会主义的斗争，对于保障世界和平起着越来越巨大的作用。社会主义阵营各国力量的发展，以及它们在马克思列宁主义、国际主义基础上的团结，是保卫世界和平的决定因素，是对于各国人民的解放斗争的极其重要的鼓舞和支持。

美帝国主义者变本加厉地推行它的以称霸世界为目的的侵略和战争计划，各国反动派更加露骨地为帝国主义的利益服务，以铁托集团为代表的现代修正主义者更加卑鄙地背叛共产主义的事业和迎合帝国主义的需要，所有这些都反映了国际范围内的阶级斗争正在激烈地进行着。

帝国主义者、各国反动派、现代修正主义者，为了反对共产党、反对人民、反对全世界一切被压迫民族的群众斗争，反对中华人民共和国，反对亚洲、非洲、拉丁美洲及其他地方一切不愿意做奴隶的独立国家而进行的种种罪恶活动，其结果适得其反，只是进一步地暴露了他们的丑恶的面目，使他们更加陷于孤立。虽然与帝国主义、各国反动派和现代修正主义的这场斗争是长期的、曲折而复杂的，但是各国人民的革命事业仍然继续发展，国际共产主义运动正在日益壮大，我们的朋友越来越多。

八届十中全会认为，国际形势的发展更有力地证明，我国所奉行的对外政策的总路线是完全正确的。这条总路线就是：在无产阶级国际主义的原则下，发展同苏联和各社会主义兄弟国家的友好互助合作关系；在五项原则的基础上，争取和社会制度不同的国家和平共处，反对帝国主义的侵略政策和战争政策；支援各国被压迫人民和被压迫民族反对帝国主义和殖民主义的革命斗争。在今后的国际事务中，我们应当继续贯彻执行这条总路线。

我们应当继续高举反对帝国主义，保卫世界和平的旗帜，团结全世界一切爱好和平的国家和人民，结成最广泛的反对美帝国主义者、其他帝国主义者及其在各国的走狗的统一战线。

我们应当继续高举革命的旗帜，积极支持各国人民的解放斗争，特别是亚洲、非洲、拉丁美洲人民争取和维护民族独立的斗争。

我们应当继续高举无产阶级国际主义的旗帜，为维护和加强社会主义阵营和国际共产主义运动的团结而斗争。

我们应当继续高举马克思列宁主义的革命旗帜，坚持1957年莫斯科宣言和1960年莫斯科声明的革命原则，坚决而彻底地反对国际共产主义运动中主要危险的现代修正主义，这是目前及今后一个长时期内的主要任务，同时也要坚决而彻底地反对教条主义，反对宗派主义，反对大国沙文主义和狭隘民族主义，这也是长期的任务，总之，是为了保卫马克思列宁主义的纯洁性而斗争。①

谈到国内情况时，《公报》指出：

八届十中全会满意地指出，自从1961年九中全会以来，特别是今年以来，全党贯彻执行对国民经济的调整、巩固、充实、提高的方针，加强农业生产战线，已经取得了显著的成效。尽管有过去几年连续遭到的严重自然灾害

① 《建国以来重要文献选编》第15册，中央文献出版社1997年版，第648～651页。

以及自己工作中的缺点、错误，国民经济的情况，去年比前年好一些，今年比去年又要好一些。

《公报》列举了农业、工业、商业方面的好转情况。

《公报》系统地阐述了毛泽东新近形成的关于阶级斗争的思想。毛泽东在修改《公报》初稿时，加了这样一段话：

八届十中全会指出，在无产阶级革命和无产阶级专政的整个历史时期，在由资本主义过渡到共产主义的整个历史时期（这个时期需要几十年，甚至更多的时间），存在着无产阶级和资产阶级之间的阶级斗争，存在着社会主义和资本主义这两条道路的斗争。被推翻的反动统治阶级不甘心于灭亡，他们总是企图复辟。同时，社会上还存在着资产阶级的影响和旧社会的习惯势力，存在着一部分小生产者的自发的资本主义倾向，因此，在人民中，还有一些没有受到社会主义改造的人，他们人数不多，只占人口的百分之几，但一有机会，就企图离开社会主义道路。在这些情况下，阶级斗争是不可避免的。这是马克思列宁主义早就阐明了的一条历史规律，我们千万不要忘记。这种阶级斗争是错综复杂的、曲折的、时起时伏的，有时甚至是很激烈的。这种阶级斗争，不可避免地要反映到党内来……无论在现在和在将来，我们党都必须高度警惕，正确地进行在两条路线上的斗争，既要反对修正主义，也要反对教条主义。只有这样，才能永远保持马克思列宁主义的纯洁性，不断地加强党的团结，不断提高党的战斗力。[1]

《公报》中这一段毛泽东亲自修改的文字以及毛泽东在会议期间的一系列讲话，在事关中国何去何从的发展道路问题上，提出了一条新路。首先，这条路不同于 1956 年党的八大关于中国社会主义建设道路的分析。那时，中共中央指出，大规模的阶级斗争已经过去，党的工作重点要转入经济建设。其次，这条路也不同于 1958 年毛泽东关于“大跃进”和人民公社的分析，毛泽东在许多方面接受了调整以来经济领域中取得的积极成果。这条路，是毛泽东对经济调整以来各种矛盾重新进行思想清理的结果，也是毛泽东 1957 年以来阶级斗争思想进一步的发展。

此外，八届十中全会还通过了其他一些决议。

9 月 27 日，中共八届十中全会通过《关于进一步巩固人民公社集体经济、发展农业生产的决定》《农村人民公社工作条例修正草案》《关于商业工作问题的决定》《关于有计划有步骤地交流各级党政主要领导干部的决定》《关于加强党的监察机关的决定》。

全会通过的《关于巩固人民公社集体经济、发展农业生产的决定》指出：在完成封建的土地改革以后，我们党在农业问题上的根本路线是：第一步实现农业集体化，第二步在农业集体化的基础上实现农业的机械化和电气化。这是我们党在农村

① 《建国以来重要文献选编》第 15 册，中央文献出版社 1997 年版，第 653 页。

的两条道路斗争中，坚持社会主义、战胜资本主义的根本路线。现在的要求是，在进一步调动全体农民的生产积极性的同时，要集中全党全国人民的力量，尽可能地支援农业，执行毛泽东提出的以农业为基础的发展国民经济的总方针，以便进一步巩固集体经济，发展农业生产。《决定》指出，广大农民是拥护集体化的，因为农业的集体化，提供了农业发展的极大可能性，提供了农民群众共同富裕的可能性。是单干的力量大，还是集体的力量大；是单干能够使农民摆脱贫困，还是集体经济能够使农民摆脱贫困，这些问题是需要回答的。这样，《决定》便加进了更多的对“单干风”的批判内容。

全会通过的《农村人民公社条例（即《60条》）修正草案》，对原草案作了下述修改和补充：

（一）确定生产队为人民公社基本核算单位。（二）人民公社的规模为一乡一社，长期不变。（三）人民公社的组织结构，可以是公社和生产队两级，也可以是公社、生产大队和生产队三级。（四）人民公社的各级组织，必须厉行精简，减少对干部的补贴工分。（五）公社、生产大队在今后若干年内一般不办企业。（六）社员自留地一般占生产队耕地的5%～7%，归社员家庭使用，长期不变。（七）国家征购粮食的数量，应在适当水平上稳定下来。（八）国家应根据等价交换原则，逐步地规定工农业产品的合理比价。《修正草案》保留了政社合一的组织形式，堵住了通向“包产到户”的可能性，并贴上了以阶级斗争为纲的标记。

八届十中全会的这些决定，使得犯有“错误”的地区，纷纷起来纠正“错误”，扫除“单干风”。10月，湖南省委给中央的报告说，经过认真落实人民公社工作条例以及党在农村的一系列重大政策，湖南省农村人民公社已经走上健全发展的道路。绝大部分生产队是巩固的或基本巩固的，但是，还有一部分生产队，由于种种原因，“单干风”时起时伏。从根本性质上看，“单干风”与反对“单干风”是阶级斗争，是社会主义和资本主义两条道路的斗争。对于已经分户的生产队，要组织专门的力量进行工作，使之回到集体道路上来。其中可根据不同情况分别处理：对那些群众自愿回到集体道路的，可以重建生产队；对那些暂不能全部回到集体道路的，有几户就组织几户生产队。12月11日，中共中央批准安徽改正“责任田”情况的报告。报告说：安徽已改正“责任田”的生产队有6.01万多个，占实行“责任田”生产队总数的22%，其中，中央8月工作会议以后自动改过来的有2.35万个生产队。已改的连同原来坚持集体生产的队共有10.21万多个，占生产队总数的33.74%。报告说，实行“责任田”虽不到两年，但已经明显暴露出许多后果，例如，造成生产资料支配权逐步转移到个人手中，所有权发生很大变化，统一分配受到破坏，集体和国家利益受到损害，造成严重的两极分化现象，农民中个人主义、自私观念日益发展，社会主义和爱国主义思想逐步削弱。报告设想到1964年春耕前把“责任田”全部改正过来。

9月26日，即八届十中全会最后一天，刘少奇作了一次重要讲话。毛泽东也作了多次插话。刘少奇说：赞成主席的讲话。我们党在革命胜利以后，在毛主席领导下，一直是比较顺利的发展，但到 1959 年、1960 年，因为受到天灾和我们工作中有错误，算是遇到一些比较大的困难。问题是采取什么态度。我们在困难面前有三种态度：第一种，是坚持社会主义道路，坚持克服困难，坚持毛主席、党中央革命的道路，继续胜利前进。这是大多数同志的态度。第二种，在困难面前被吓倒，放弃社会主义道路，向后倒退、单干，这是邓子恢同志的态度。除邓以外，还有许多人向中央写信，主张单干，邓是代表。第三种，利用我们暂时的困难，向党发起进攻，企图推翻党中央和毛主席的马列主义领导，这就是彭德怀、习仲勋的态度。第一种是正确的，第二种是动摇，不坚定，丧失信心，不懂马列主义，第三种是敌对的态度。

刘少奇又说：单干是没有出路的，只有社会主义大农业才能使农民免于贫困和破产，农业才能过关。邓老主张单干，就是违背了最重要的两条，因此是香花还是毒草，是很清楚的，是一枝毒草。

刘少奇接着说：宣传单干优越性，肯定是毒草。如果党领导单干，党就要变质了，就不是共产党。现在我们的困难到底有多大？就是如此而已。大家都经过了的，最困难的时期已经过去了，现在已经开始好转，应该继续前进，要坚持革命的道路，但宣传还要注意一点，还要讲有困难的。今年 5 月会议对困难估计多了一些。如果采取第一种态度，把困难估计得多一点，就没有什么问题。如果采取第二种态度，估计困难太多，就会动摇社会主义的信心，丧失前途，那就有很大的坏的影响。农村集体经济可以巩固，单干风大，实际单干不多，并不严重，只有安徽、甘肃多一些。已经单干了的，可以重新组织起来。这股单干风要打下去。第三种态度，利用我们暂时的困难向党进攻的是反动的。他们希望我们犯错误，对我们的困难幸灾乐祸。彭、高、习是无原则的阴谋反党集团，没有什么纲领，有时也提出纲领，如庐山会议彭德怀的意见书仍是反党纲领，这次8万言的信也是纲领。在七千人大会上，我说彭的信从表面上看来有些是符合事实的，他就说不是反党纲领。是纲领，纲领不能一点事实也没有呀：有部分是符合事实的，才能迷惑人。这封信也是迷惑人，开始有些人认为问题没有那么大。

刘少奇继续说：《刘志丹》80万言书也是纲领。我们这次会议揭发了彭、习反党阴谋，是我们党的一个伟大胜利。反党集团实际上是几支反党别动队，人数不多，用不着全党去对付，我们工作不要受干扰，由少数人对付他们。对国际修正主义也要组织少数人去斗争，大多数人做好工作，我行我素。对全党干部进行教育，讨论一下是必需的。庐山会议上过当。

刘少奇转而谈到反修的理论问题说，毛主席论正确处理人民内部矛盾文章的一段话："在我国，虽然社会主义改造，在所有制方面说来，已经基本完成，革命时期的大规模的急风暴雨式的群众阶级斗争已经基本结束，但是，被推翻的地主买办阶级残余还是存在，资产阶级还是存在，小资产阶级刚刚在改造。阶级斗争并没有结束。无产阶级和资产阶级之间的阶级斗争，无产阶级和资产阶级之间在意识形态方面的阶级斗争，还是长时期的，曲折的，有时甚至是很激烈的。无产阶级要按照自己的世界观改造世界，资产阶级也要按照自己的世界观改造世界。在这一方面，社会主义和资本主义之间谁胜谁负的问题还没有真正解决。”而斯大林在1935年说已经解决，这是不正确的，同列宁讲的不符合。两条道路的问题未最后解决，需要相当长的时间才能解决。

刘少奇说：斯大林在集体化以后讲谁战胜谁的问题国内解决了，国际未解决。在这里还是主席讲得对。

刘少奇说：谁胜谁负要经过长时期才能解决，苏联、南斯拉夫、东欧的经验都证明了，我们要接受教训。我国如果彭、高、习的阴谋实现了，也要复辟，实际上回到了半封建、半殖民地的老路上，性质与蒋介石一样，形式上可能不同。

刘少奇说：我们党要从这里取得教训，提高警惕，以后还会有这类事情，所以必须在党内加强教育，加强社会主义教育，以便抵制各种各样反动的思想、资产阶级的思想。

由上可以看出，刘少奇事实上改变了半年前他对国内形势的基本看法，否定了半年多以来主要由他本人主持的调整工作的成绩，讲话的基本精神与毛泽东的看法并无二致。刘少奇这样做，主要是从维护毛泽东的愿望出发的。

刘少奇历来对毛泽东是尊重和拥护的。在党的重大方针政策问题上，即使他的想法同毛泽东发生分歧，他也总是放弃自己的意见，转而支持毛泽东。

在三年经济严重困难时，刘少奇作为中共中央主持第一线工作的主要领导人，他有两个方面的重要表现。一是深入实际，体察民情，对错误造成的实际危害有比较深刻的认识，因而坚决主张迅速纠正错误。他在1961年4月回原籍湖南考察的谈话中，在1961年5月中央北京工作会议上，在1962年1月七千人大会上和3月最高国务会议上，对错误的性质、后果及产生的原因所作的分析，是相当深刻和富有独到见解的。二是处处努力维护毛泽东的领导威信，维护毛泽东提出并经中共中央通过了的社会主义建设总路线。

1959年庐山会议之前、会议中间、甚至会后，人们对“三面红旗”的正确与否怀疑颇多。刘少奇一而再、再而三地对毛泽东和党中央领导的正确进行了解说。

1959年3月24日，刘少奇在第17次最高国务会议上说：正确的领导跟实际都是有出入的。不过那个出入总是离这个线上下不远。有时搞得高了一点，有时搞得低了一点，这个应该是常事，我们的错误同路线错误不同。方针错了，那是偏，偏，偏……一直偏下去，那就叫路线错误。那个是不容易纠正的。

1959年9月9日，刘少奇在批判彭德怀的军委扩大会议上说：有右倾思想的人，和彭德怀同志讲的差不多，他们说中央领导不正确或不完全正确，表现一“左”一右，不“左”即右，或者说太偏了。因此他们要求中央不“左”不右的较绝对正确的好。他们要求不“左”不右，要求领导革命没有任何偏向，要求四平八稳。世界上到底有没有这样的领导呢？是没有的。不发生一点偏差的群众运动，也是没有的。

他解释说：就是列宁、斯大林的领导，他们的困难，他们所发生的问题，他们的缺点和错误，所发生的后果，比我们大得多。我想，毛泽东同志的领导，绝不次于马克思、列宁的领导，假如马克思、列宁生在中国，我想他们领导中国革命也不过如此……因为没有看到过他们，所以就神化了。毛泽东同志领导以及我们党中央的领导是不是最正确的领导，最好的领导呢？我想是的。对于这样的领导，应该是满足了，不要再有要求了，不要既不“左”又不右了。一“左”一右，有一个时期“左”一下，有一个时期右一下，是必要的。毛主席说过，矫枉过正，有一个时期就要偏一点，不偏就纠正不过来。但也不是一直偏下去，一直偏下去就不得了。一个时期对于某个问题，要有重点，强调一个方面，强调得比较厉害一点，这是正常的领导，正确的领导。

他继续说：有的时候，我们也难免犯一点过左的错误。随时纠正了，这同主观主义的、系统的“左”倾路线错误是完全不同的，“左”倾路线错误是一直“左”下去的，他自己纠正不了的。毛主席讲过，凡是犯路线错误的，他自己是不能纠正的，只有别人来纠正，就是要把那个领导推翻，那么，就是正确的领导。有一个时期犯过“左”一点的错误，有一个时期犯过右一点的错误，但是一发现就纠正了，这是正常的、难免的。这与“左”倾路线和右倾路线错误完全不同。所以，一个时候的、范围不大的一“左”一右的领导，就是正确的领导。如同飞机驾驶员、轮船驾驶员，他那么一左一右，就是最好的驾驶员。但是不论一个时候过“左”或一个时候过右，都是应该纠正的，因为过一点嘛！而且应该实事求是地加以说明。

1961 年，“大跃进”闯下大祸的严重性暴露得比较透彻了，刘少奇对错误严重性的认识也深入了一大步。特别是 4 月的湖南之行，他亲自察看了“五风”造成的灾害，痛心地对乡亲们说：“看到乡亲们的生活很苦，我们工作做得不好，对你们不起。”“中央有责任，要向你们承认错误，退赔。”“退清以后，立块碑，或者写一个大单子，用镜框绕起来，拴在公社里。”“这个账要记住”，“这次教训很深刻，要子子孙孙传下去，以后再也不犯这个错误。”

回到北京后，他于 5 月 31 日在中央工作会议上首次提出：天灾在大多数地方不是主要原因，我们工作中间的缺点错误是主要原因，缺点错误“恐怕不是一个指头的问题”。他一面大声疾呼要坚决纠正错误，同时又维护毛泽东提出和中央决定的路线。他说：我们的一些缺点错误，并不牵涉到总路线、人民公社和大跃进这三面红旗本身，而是我们在执行总路线、组织人民公社、组织跃进的工作中间，有很多缺点错误，有严重的缺点错误。说到责任，中央负主要责任，我们大家负责，不把责任放在哪一个部门或者哪一个人（实际是指毛泽东）身上。好在我们现在能够回头，能够总结经验，还能够改过来，还不是路线错误。“但是，如果现在我们还不回头，还要坚持，那就不是路线错误也要走到路线错误上去。所以在这个问题上，现在要下决心。”①

“不是路线错误，是执行总路线的具体政策、具体工作中犯了错误”的话，刘少奇在 1962 年 1 月的七千人大会上、3 月

① 《刘少奇年谱》下卷，中央文献出版社 1998 年版，第 524 页。

21 日的第 18 次最高国务会议上，也一再地重申，维护毛泽东及其路线，同时也是维护党中央领导的威信，用心处处可见。

毛泽东在北戴河会议和八届十中全会上，何以挥手之间即扭转乾坤了呢?

首先，因为调整政策本身是实践和探索中的产物，需要在新的实践和探索中进一步完善。人们存在着这样那样的不同意见。例如在对形势的判断上，柯庆施就不同意西楼会议和 5 月政治局常委扩大会议的看法。邓力群回忆：

> 1962 年夏天，各大区书记和政治局同志一起开会，讨论周总理的这个讲话。会议的意图是，如果大家同意这个讲话，就转发全国。会上，绝大多数同志赞成，也有个别同志，例如柯庆施同志就不赞成。他这里挑一点，那里挑一点，归结起来就是：在七千人大会上，中央对形势已经作出了正确的估计，现在只过了几个月，又讲一篇同那时大有区别的话，这样好吗？刘少奇同志回答了这个问题。他说，对形势的估计，应该按照客观形势的变化而变化。开七千人大会的时候还没有发现财政赤字，所以，那时候对经济形势可以作出那样的估计。现在情况变了，发现财政有二三十亿的赤字，所以，我们的估计也应该跟着变化，这是唯物主义嘛，这是实事求是嘛！作了这个估计之后，我们又经过集体讨论，不是个人说了算嘛！这是符合组织原则的，怎么能够说不对呢？然后刘少奇同志又讲

了历史上很多例子。[1]

其次，随着调整政策在各方面的贯彻落实，某些消极影响也出现了。例如在城市进行的收缩基建、关停工厂、下放职工等，都不可避免地带来一些负面的影响。虽然这些负面影响主要是由于前些年的错误政策造成的，是工作的失误使我们付出的代价，而不是调整本身造成的，但直观上确实与调整联系在一起。另外，例如政治调整虽然使过去受到冤屈的人得到平反昭雪，但是主持、参与制造这些冤假错案的人（不管他们是有意还是无意）并不都是心悦诚服的；农村的包产到户虽然对农业的恢复和发展有好处，但是一些基层干部眷恋从前的经济权力和政治威风，担心实行“包产到户”以后指挥不灵，不愿意真正放弃手中的权力，因而调整政策本身也有一个逐步完善的过程。

第三，即使是那些后来坚定地主持调整政策的人，也不可能一下子就对形势看得那么清楚。田家英本人一度坚决反对实行“包产到户”，后来经过调查研究才转变了认识，成为“包产到户”的积极支持者。

第四，调整政策在很大程度上是一种应急措施。当时的形势正如八届十中全会公报所指出的：“帝国主义者、各国反动派和现代修正主义者，对我国人民遭遇到的暂时困难幸灾乐祸，对我国社会主义建设总路线、大跃进、人民公社大肆攻

① 邓力群：《向陈云同志学习做经济工作》，中共中央党校出版社1981年版，第7页。

击，演出了嚣张一时的反华大合唱。美帝国主义还策动窃据台湾的蒋匪帮，妄想进犯大陆沿海地区。国内的没有改造好的地主分子、富农分子、资产阶级右派分子以及残余的反革命分子，也同样幸灾乐祸，并且妄图乘机活动。”所以许多调整政策在很大程度上是一种权宜之计，缺乏前瞻性和连贯性。

第五，总的来看，除了农村试行的各种责任制以外（包产到户只是农村生产责任制形式中的一种），调整政策在一定程度上并没有跳出50年代以来毛泽东等人探索社会主义道路形成的基本框架。虽然这些调整政策本身蕴含了相当大的真理成分，可以成为建设社会主义某种新思路的基础，但是当时支持调整工作的领导人忙于事务性的工作，来不及仔细思索那些带有根本性、理论性的问题，没有将调整政策上升到理论、系统的高度，没有达到例如80年代以后以邓小平为代表的新一代领导人对什么是社会主义、如何建设社会主义那样的认识水平。以“三面红旗”和后来归纳为“无产阶级专政下继续革命”学说为主要内容的毛泽东建设社会主义的思想，仍然根深蒂固地存在于大多数党的干部和相当一部分群众脑海中。这是调整政策中断的认识根源和干部根源。

其实，倒是那些被打倒而赋闲在家的人，能够平心静气地认真思考某些具有根本性的理论问题。例如，在庐山会议上被批判的张闻天，1961年夏在青岛休养期间，对若干重大理论问题进行了思考。据张闻天的夫人刘英回忆：

1961年夏天，我陪伴闻天到青岛疗养。从7月15日至9月16日，两个月时间，闻天专心致志地研读马克思的《资本论》。我经常看他临窗沉思，伏案书写。海滨漫步，兴之所至，他也常跟我从《资本论》讲到我国经济翻车的原因和入轨的办法。

在青岛两个月，他在三本笔记本上写了178页，约有六七万字的政治经济学笔记，内容涉及社会主义社会各个方面的问题，有对当时流行的“左”的观点的尖锐批评，有对社会主义的系统论述。

8月10日，写的是“关于按劳分配”，有将近10页，其中写道：“社会主义、共产主义就是为了人们生活得更好。怕说生活，怕生活好了就会资本主义化，这是一种错误的思想。

关于物质鼓励和精神鼓励。

是物质鼓励加精神鼓励。

怕说物质鼓励是不对的。

仿佛谈物质利益就是卑鄙，谈精神就高尚?

精神不能离开物质，无物质就无精神。

只追求物质享受，而不愿劳动，那是卑鄙的。劳动之后得到一定的物质享受，这有什么卑鄙的呢?”

8月16日的笔记论到社会主义的矛盾问题：

“把社会主义的基本矛盾，说成是两个阶级（资产阶级、无产阶级）和两条道路的矛盾，说在社会主义发展过程中，这一矛盾贯彻始终，这是否把阶级矛盾与斗争扩大化了？把社会主义建设问题上许许多多不同的意见，都看成是两个阶级、两条道路的斗争，就必然要乱戴帽子，任意开展斗争了。‘双百’方针当然也不可能实现了。”

他支持孙冶方同志《论价值》一文的基本观点，认为应该正确地掌握和运用价值规律。他写道：

“当一个规律（价值规律在内）被认识以后，它不但不能起破坏作用，而且可以很好地为人们所利用，造福于人类。关于价值规律的防止、限制和提高警惕等，表示人们还并不能掌握这个规律，运用这个规律，因而在这个规律的自发作用面前表示恐惧。”

由此闻天还联想到经济学界对《资本论》经济范畴的使用也有一种恐惧……怕在使用中犯修正主义错误。闻天认为，“只要说明《资本论》范畴在社会主义起了根本的质的变化之后，这些范畴的充分运用，不但无害，而且有利。因为这些范畴虽然表现资本主义社会的特殊性，但也表现一切社会化生产的共同性，还不说在社会主义下也还有资本主义的残余。”从中可见闻天对《资本论》的深刻领会和用以解决实际问题所作的努力。

闻天从9月6日至16日写的《关于社会主义和共产主义的要点》，是长达54页的文稿，针对1958年提出的向共产主义过渡和1960年开始提出的“过渡时期”是一个长期历史阶段的错误而发，系统地论述了社会主义社会的性质、特征和它的发展规律，今天读来，仍感到它的理论力量和科学远见。[1]

可惜，张闻天的这些研究心得终究没能成为党的政策。

1962年9月下旬召开的八届十中全会及此前召开的中共中央工作会议，在中国共产党的历史上，在中华人民共和国的历史上，都具有极不寻常的意义。全会否定了主持一线工作的中央领导同志自从1960年以来纠正“大跃进”错误的努力，会议强调阶级斗争要“年年讲、月月讲、天天讲”，实际上提出以阶级斗争为纲。这一错误提法，随着时间的推移，越来越向错误方向发展。

北戴河会议上，鉴于庐山会议的教训，刘少奇很担心会议过于强调阶级斗争会打乱当前的调整，重犯1959年批判彭德怀、由反“左”转为反右的毛病，因此，他在8月20日中心小组会议上建议说：“这次会议如何传达？这次会议讨论阶级和阶级斗争，一讲阶级和阶级斗争就联系很广，传达时要联系干部的教育问题，讲好了，对干部教育有好处。但是，这是个复杂问题，闹不好在实际上可能发生反右。阶级斗争一联系，什么都可以联系上了，比如自留地多少，生产责任制，包工包产。现在实际上是研究的问题容易划分不清，把什么都联系到阶级来分析。”刘少奇的意见得到了毛泽东的认可，使得八届十中全会后的经济调整工作得以继续进行。

经过1962年的经济调整，国民经济开始全面好转：农业

① 《我和张闻天命运与共的历程》，中共党史出版社1997年版，第203～205页。

生产力和生产水平开始恢复，农村劳动力、农具拥有量等主要经济指标都超过“大跃进”前的最高水平，改变了连年减少的情况；工、农业比例关系，轻、重工业的比例关系都有所改善；财政收支平衡，略有结余；城乡人民生活略有改善。

但是，在取得这些成绩的同时，国民经济中仍然存在不少问题。主要是：农业生产还没有得到很好的恢复；整个工业和交通运输业、特别是基础工业，在提高质量、增加品种、填平补齐、成龙配套、设备维修和更新上，需要进行大量工作；企业的经营管理也要进行全面整顿。

为此，从 1963 年 2 月到 9 月，中共中央逐步做出了再用三年进行经济调整的决定。

在 1963 年 2 月 11 日中共中央工作会议上，有人提出建议：从当年起，再用三年时间，继续实行调整、巩固、充实、提高的方针，把这三年作为第三个五年计划（1966～1970 年）的过渡阶段；并认为，后三年与前两年在工作要求上应有不同，前两年主要是缩短战线，实行精简，一般是退；后三年除了继续调整国民经济的比例关系外，主要是组织企业开展专业化协作，改善企业经营管理，提高经济效益，搞好一批老企业的设备更新，加强对原有生产能力的填平补齐等。在这段时间内，针对经济体制上存在的问题，除继续配合调整而采取的改革措施外，还要进行一些探索性的改革。2 月 20 日，李富春在新成立的计划工作领导小组会议上讲话，提出要重视长期计划的编制问题。他认为，应从远处着眼，近处着手，第三个五年计划的奋斗目标，应当是集中力量解决人民的吃、穿、用。这一意见得到中共中央的同意。毛泽东读了李富春的有关报告后，对他的意见表示同意。他说：还要进行三年调整，重点是巩固、充实、提高。7月30日，邓小平在工业问题座谈会上传达毛泽东的意见。邓小平强调，今后三年，必须创造条件，为第三个五年计划做好准备。每个行业都要从本行业的实际出发，把本行业的重点确定下来。

中共中央9月工作会议，明确做出了“再用三年时间进行调整”的决定。会议认为，我们已经取得了一定的成绩，但还要进一步调整国民经济，继续调整、巩固、充实、提高的工作。今后一个阶段的主要任务是：（一）农业生产达到1957年的水平。（二）工业生产水平在1957年的基础上提高50%。（三）国民经济比例关系争取在新的基础上进一步基本协调。（四）国民经济各部门的经济管理工作走上正轨。调整的基本原则，一是大力加强生产建设中的薄弱环节、薄弱部门，主要是加强基础工业产品的生产，改善职工生活；二是要在进一步调整的同时，巩固已取得的成果，使国民经济得到进一步的充实和提高；三是进行必要的经济体制改革。

在新的调整计划酝酿和确定的过程中，经济调整工作一直没有停止。1月2日，中共中央批转国务院财贸办公室《关于1963年财政、信贷、外汇、市场平衡问题向中央汇报的提纲》。1月3日，中央批准下达《1963年基本建设计划草案》。中央在批发这个计划草案时强调：1963年的基本建设投资只能适当增加，步子不能迈得太大，各地方、各部门必须坚决按此计划办事，不准在计划外再增加投资、增加项目和自行扩大基本建设规模。自筹资金的建设项目，也应一律纳入计划。1月18日，中央同意并批准国家计划委员会《关于1963年国民经济计划草案的报告》。新一轮调整的重点，是从解决人民吃、穿、用问题入手的。由于物品较少，求大于供，1962年集市贸易价格仍然大大高出国家计划价格，许多产品购价与销价之间，不同产品的比价之间，还存在许多不合理现象。为保持主要生活资料价格的基本稳定，国家每年不得不支出30亿～40亿元财政补贴，同时又不得不提高许多非主要生活资料的价格。许多新建立的地方工业，因条件较差，为避免亏损，只好制定过高的价格。有鉴于此，国家从满足人民吃、穿、用的需要出发，首先决定对物价进行调整。

9月16日，国务院城市工作会议规划了三年期间城市调整工作的任务。主要是：（一）进一步做好工业调整工作，在三年调整时期内，应当把所有企业的产品方向、生产规模确定下来，把企业的协作关系基本固定下来，加强设备维修，改善经营管理。（二）努力做好商业工作，更好地为生产和生活服务，一定要按经济区划合理地组织商品流通，克服环节过多、机构重叠、迂回运输、商品倒流现象，对郊区农村集市贸易要进行严格的管理。（三）大力发展市郊农业，保证城市副食品供应。（四）积极开展计划生育工作，在三年调整期间，把城市人口自然增长率降到千分之十五。

与1960年后半年提出“八字方针”时的情况不同，中共中央领导人对“再用三年时间进行调整”的方针认识明确、意见一致，所以经济调整工作得以顺利地展开。

八届十中全会以后，毛泽东着眼于“反修防修”，进一步发展了关于社会主义社会阶级斗争的理论。

从 1962 年到“文化大革命”爆发，毛泽东关于防止资本主义复辟，建设一个“理想”社会主义社会的思想逐步发展。1964 年 7 月 14 日发表的《关于赫鲁晓夫的假共产主义及其在世界历史上的教训》（即“九评苏共中央公开的信”），就总结了毛泽东在这一阶段对什么是社会主义、怎样建设社会主义这一重大问题的探索。这篇文章虽然是在八届十中全会召开后两年才写出来的，但是它的主要思想的萌芽，事实上在八届十中全会之后不久就已经形成了，并成为这一时期中国社会主义建设的指导方针。该文实际上已经孕育“文化大革命”的基本思想：

第一，必须用马克思列宁主义的对立统一的规律来观察社会主义社会。在社会主义社会中，存在着两类社会矛盾，人民内部矛盾和敌我矛盾。这两类社会矛盾性质完全不同，处理方法也应当不同。正确处理这两类社会矛盾，将使无产阶级专政日益巩固，将使社会主义社会日益巩固和发展。

第二，社会主义社会是一个很长的历史阶段。社会主义社会还存在着阶级和阶级斗争，存在着社会主义和资本主义这两条道路的斗争。单有在经济战线上（在生产资料所有制上）的社会主义革命，是不够的，并且是不巩固的，必须还有一个政治战线上和一个思想战线上的彻底的社会主义革命。

第三，无产阶级专政，是工人阶级领导的，是以工农联盟为基础的。无产阶级专政，就是工人阶级和在它领导下的人民，对反动阶级、反动派和反抗社会主义改造和社会主义建设的分子实行专政。在人民内部是实行民主集中制。我们的这种民主是任何资产阶级国家所不能有的最广大的民主。

第四，社会主义革命和社会主义建设，必须坚持群众路线，放手发动群众，大搞群众运动。“从群众中来，到群众中去”的群众路线，是我们党一切工作的根本路线。必须坚定地相信群众的多数，首先是工农基本群众的多数；要善于同群众商量办事，任何时候也不要离开群众。反对命令主义和恩赐观点。我国人民在长期革命斗争中创造出来的大鸣、大放、大辩论，是依靠人民群众，解决人民内部矛盾和敌我矛盾的一种重要的革命斗争形式。

第五，不论在社会主义革命中，或者在社会主义建设中，都必须解决依靠谁、争取谁、反对谁的问题。无产阶级和它的先锋队必须对社会主义社会做阶级分析，依靠坚决走社会主义道路的真正可靠的力量，争取一切可能争取的同盟者，团结占人口百分之九十五以上的人民群众，共同对付社会主义的敌人。在农村中，在农业集体化以后，也必须依靠贫农、下中农，才能巩固无产阶级专政，才能巩固工农联盟，才能击败资本主义自发势力，不断地巩固和扩大社会主义阵地。

第六，必须在城市和乡村中普遍地、反复地进行社会主义教育运动。在这个不断地教育人的运动中，要善于组织革命的阶级队伍，提高他们的阶级觉悟，正确地处理人民内部矛盾，团结一切可以团结的人；在这个运动中，要向那些敌视社会主义的资本主义势力和封建势力，向那些地主、富农、反革命分子、资产阶级右派分子，向那些贪污盗窃分子和蜕化变质分子，进行尖锐的针锋相对的斗争，打败他们对社会主义的进攻，把他们中间的大多数人改造成为新人。

第七，无产阶级专政的基本任务之一，就是努力发展社会主义经济；必须在以农业为基础、工业为主导的发展国民经济总方针的指导下，逐步实现工业、农业、科学技术和国防的现代化。必须在发展生产的基础上，逐步地普遍地改善人民群众的生活。

第八，全民所有制经济，同集体所有制经济，是社会主义经济的两种形式。从集体所有制过渡到全民所有制，从两种所有制过渡到单一的全民所有制，需要有一个相当长的发展过程。集体所有制本身也有一个由低级向高级、由小到大的发展过程。中国人民创造的人民公社，就是解决这个过渡问题的一种适宜的组织形式。

第九，百花齐放、百家争鸣的方针，是促进艺术发展和科学进步的方针，是促进社会主义文化繁荣的方针。教育必须为无产阶级政治服务，必须同生产劳动相结合。劳动人民要知识化，知识分子要劳动化。在科学、文化、艺术、教育队伍中，兴无产阶级思想，灭资产阶级思想，也是长期的、激烈的阶级斗争。我们要经过文化革命，经过阶级斗争、生产斗争和科学实验的革命实践，建立一支广大的、为社会主义服务的、又红又专的工人阶级知识分子的队伍。

第十，必须坚持干部参加集体生产劳动的制度。我们党和国家的干部是普通劳动者，而不是骑在人民头上的老爷，干部通过参加集体生产劳动，同劳动人民保持最广泛的、经常的、密切的联系，这是社会主义制度下一件带根本性的大事，它有助于克服官僚主义，防止修正主义和教条主义。

第十一，绝不要实行对少数人的高薪制度。应当合理地逐步缩小而不应当扩大党、国家、企业、人民公社的工作人员同人民群众之间的个人收入的差距。防止一切工作人员利用职权享受任何特权。

第十二，社会主义国家的人民武装部队必须永远置于无产阶级政党的领导和人民群众的监督之下，永远保持人民军队的光荣传统，军民一致，官兵一致。坚持军官当兵的制度，实行军事民主、政治民主和经济民主。同时，普遍组织和训练民兵，实行全民皆兵的制度。枪杆子要永远掌握在党和人民手里，绝不能让它成为个人野心家的工具。

第十三，人民公安机关必须永远置于无产阶级政党的领导和人民群众的监督之下。在保卫社会主义成果和人民利益的斗争中，要实行依靠广大人民群众和专门机关相结合的方针，不放过一个坏人，不冤枉一个好人。有反必肃，有错必纠。

第十四，在对外政策方面，必须坚持无产阶级国际主义，反对大国沙文主义和民族利己主义。社会主义阵营是国际无产阶级和劳动人民斗争的产物。社会主义阵营不仅属于社会主义各国人民，而且属于国际无产阶级和劳动人民。必须真正实行“全世界无产者联合起来”和“全世界无产者和被压迫民族联合起来”的战斗口号，坚决反对帝国主义和各国反动派的反共、反人民、反革命的政策，援助全世界被压迫阶级和被压迫民族的革命斗争。社会主义国家之间的关系，应当建立在独立自主、完全平等和无产阶级国际主义的相互支持和相互援助的原则的基础上，每一个社会主义国家的建设事业，主要地应当依靠自力更生。如果社会主义国家在对外政策上实行民族利己主义，甚至热衷于同帝国主义合伙瓜分世界，那就是蜕化变质，背叛无产阶级国际主义。

第十五，作为无产阶级先锋队的共产党必须同无产阶级专政一起存在。共产党是无产阶级的最高组织形式。无产阶级的领导作用，就是通过共产党的领导来实现的。在一切部门中，都必须实行党委领导的制度。在无产阶级专政时期，无产阶级政党必须保持和发展它同无产阶级和广大劳动群众的密切联系，保持和发扬它的生气勃勃的革命风格，坚持马克思列宁主义的普遍真理同本国的具体实践相结合的原则，坚持反对修正主义、反对教条主义和反对一切机会主义的斗争。[①]

正是沿着这一思路，毛泽东逐步将他设想的社会主义蓝图在实践中展开。在对外政策领域反“三和一少”而行，采取“三多一斗”，与苏共彻底决裂；在国内，开展了“四清”“五反”运动，抓培养革命接班人的工作，并在意识形态领域开展了对修正主义的斗争。

在国内防修方面，根据八届十中全会的决定，1962年冬到1963年春，湖南、河北等一些地区，利用农闲时节，在农村进行了社会主义教育运动。开始时，河北保定地区注重于检查1962年的分配问题。在整风整社的过程中，开展了“清账目、清财物、清仓库、清工分”的“四清”。这种“四清”主要是要解决社队干部经营管理混乱、利用特权侵占群众经济利益的现象。通过检查，收获很大，查出了一些干部多吃多占、贪污盗窃的行为。湖南省通过社会主义教育运动，也查出了一些问题。

1963年2月11～28日，在中共中央北京工作会议上，毛泽东着重提出了社会主义教育问题。他督促各地注意抓阶级斗争和社会主义教育问题，并且说：我国存在出修正主义的可能，农村社会主义教育运动就是挖修正主义根子。这次会议决定在城市开展“五反”（反对贪污盗窃、反对投机倒把、反对

① 《人民日报》1964年7月14日。

铺张浪费、反对分散主义、反对官僚主义）运动，严格管理大中城市集市贸易和坚决打击投机倒把，在农村中普遍进行一次社会主义教育运动。毛泽东在讲话中还提出了“阶级斗争，一抓就灵”的论断。“四清”运动成为“文革”的预演和前导。在国际“反修”方面，中央对一再侵犯中国领土的印度“反动派”不再忍让，决然发动了对印自卫反击战，进行了有理、有利、有节的斗争，“将”了苏共一军；另一方面，随着苏共领导集团同中共在意识形态和现实国家利益方面斗争的尖锐化，中苏两党、两国关系在八届十中全会后一步步走上了决裂之路。

第四章

冲突与分歧

关山飞渡——1962年的中国

一、印度不是我们的敌对者

◎西藏，是中国的西藏

◎中国不想要别人一寸土地

◎喜马拉雅山上的零星枪声

◎新德里是怎样待客的

◎印度政府的“前进政策”

◎新中国不是旧中国

◎威武之师，仁义之师，胜利之师

◎战争史上的奇观

中国和印度是相邻的两个亚洲大国和古国，两国人民在长期的交往中建立了深厚的友谊。1949 年新中国成立后，印度是第一个与新中国建立外交关系的非社会主义国家。在 50 年代的大部分时间里，两国关系的基调是和平友好。中印两国在一系列国际问题上相互配合、相互支持，并在 1954 年签署协议，搁置了尚未成熟的边界划分事宜，初步解决了业已成熟的通商贸易问题，特别是和平共处五项原则的倡导对战后国际关系和国际合作的发展做出了重大的贡献。

但是，两国关系到 50 年代后期开始急剧恶化。其突出的原因就在于印度对中国西藏地区采取了自相矛盾的立场：一方面在 1954 年条约中承认中国对西藏的主权，另一方面又在一系列具体事务中主张印度在西藏的特殊利益，插手中国西藏事务并挑起领土争端。

早在西藏和平解放前，印度当局向西藏上层权贵灌输亲英、亲印思想，培养“西藏独立”观念。中国人民解放军进军西藏时，印度就曾一再威胁利诱，横加干涉，一度影响了两国关系的健康发展。中国人民解放军进军西藏后，印度当局允许西藏的反动分子逃往印度的噶伦堡，同美国、英国的特务频繁来往，在噶伦堡建立阴谋策划“西藏独立”的根据地。1956年11月，十四世达赖和九世班禅应印度政府邀请，前往印度参加释迦牟尼涅槃2500周年纪念活动。印度政府将此视为策动达赖决心走上“西藏独立”道路的天赐良机。为此，印度政府在接待达赖和班禅时，采取了“尽量施加影响”和“区别高低上下”的做法，突出宣传十四世达赖，抬高达赖的地位，有意在达赖和班禅之间制造矛盾。达赖滞留在印度期间，印度当局还指使逃往印度的西藏亲印分子策动达赖留住印度，组织流亡政府，并策划派人潜回拉萨鼓动叛乱。印度总理尼赫鲁于11月27日和28日两次同达赖谈话时都指出，西藏和中国签订协议承认西藏属于中国，但如果中国超出协议范围，西藏有困难时，印度将帮助西藏。尼赫鲁的谈话，有意把西藏放在与中国中央政府对立的位置，公开煽动制造困难，以制造印度进行干预的借口。这对那些阴谋搞“西藏独立”的反动势力是一种鼓动及配合。印度的一些扩张分子大肆叫嚷“西藏是一个独立国家”，“印度同西藏是母子关系”，为西藏反动分子撑腰打气。印度当局与西藏分裂叛乱有着千丝万缕的联系。

1959年2月，印度的一些报纸就开始散布西藏将要发生叛乱的言论。3 月 10 日，西藏叛乱分子中的 12 名“代表”，到印度驻拉萨领事馆，声称西藏是“独立国”，要求印度给予“保护”。印度领事馆竟然公开接见这些叛乱代表，收下他们的“独立声明”，并答应转告印度政府。印度驻拉萨领事馆的言行严重地干涉了中国内政。3 月 13 日，西藏上层反动分子公然以“西藏独立国人民会议”的名义，通过印度驻拉萨领事馆电台，给逃往噶伦堡的原噶厦孜本夏格巴·旺秋德丹发去密电：“噶伦堡夏格巴转西藏幸福事业会全体，藏历二月一日（3 月 10 日）西藏独立国已成立，请向大家宣布。”

在这样的背景下，西藏叛乱在 1959 年 3 月中旬爆发。中国人民解放军奉命平叛，迅速击溃叛乱藏军，控制了局势。达赖喇嘛和其他叛乱头目仓皇出逃，流亡印度。

达赖喇嘛逃亡到印度后，印度政府通知中国，印度已经同意给予达赖喇嘛政治避难，同时向中国方面保证不允许达赖喇嘛在印度从事政治活动。让中国政府不能接受的是印度表面一套，背后另外一套。印度政界一些人大造反华舆论，并在印度各主要城市举行了反华示威游行。印度社会党在孟买组织人，到中国驻孟买总领馆前游行，将毛泽东肖像贴在总领馆墙上，向肖像上乱扔鸡蛋和西红柿。不仅如此，印度政府继续收容逃往印度的叛乱分子，发给枪支弹药，编成印藏边境特种部队，部署在中印边境地区，对西藏进行策反、渗透和破坏。从 1 月下旬至 4 月底前后 100 多天内，印度许多报纸大肆进行反华宣传。尼赫鲁也公然违反和平共处五项原则，粗暴干涉中国内政，把中国人民平息叛乱的正义行动说成“悲剧”，对所谓

“西藏人的自治愿望”表示同情。更严重的是，4 月 18 日，印度当局帮助达赖喇嘛起草了所谓的“达赖喇嘛声明”，攻击中国政府，又通过印度的驻外使馆散发。

印度政府公然干涉中国内政的行为，严重伤害了中印两国人民的感情，两国关系出现紧张局面。

开始双方还只是打笔墨官司。周恩来总理于 5 月 6 日会见苏联、朝鲜、蒙古、罗马尼亚、越南等 11 个国家的访华代表团和驻华使节时，就西藏问题和中印边界问题作了入情入理的阐述。明确指出，印度“希望西藏长期保持落后状态，成为中印间的缓冲国”。这是他们的主导思想，也是中印间争论的中心。同日，《人民日报》以编辑部名义发表毛泽东授意、胡乔木执笔，并经中共中央政治局扩大会议讨论而写成的《西藏的革命和尼赫鲁的哲学》一文，对印度领导人散布的有关干涉中国西藏地方事务的言论，进行了入情入理、极有分寸的批驳。文章严正指出：“中华人民共和国对于西藏地方享有完全的主权，跟对于内蒙古、新疆、广西、宁夏等地方享有完全的主权一样，这是丝毫不容怀疑的，这是丝毫不容任何外国或者联合国以任何名义任何形式干涉的。因此，西藏的任何问题都只能由中国解决，在中国解决，而不能在任何外国去解决。”

5 月 16 日，中国外交部致函印度外交部。这个文件的如下要点是毛泽东亲自拟就的：

总的说来，印度是中国的友好国家，一千多年来是如此，今后一千年一万年，我们相信也将是如此……中国的主要注意力和斗争方针是在东方，在西太平洋地区，在凶恶的侵略的美帝国主义，而不在印度……我们的主要敌人是美帝国主义。印度不是我们的敌对者，而是我们的友人。中国不会这样蠢，东方树敌于美国，西方又树敌于印度……你们看吧，“路遥知马力，事久见人心”（中国俗语——原注），今后 3 年、5 年、10 年、20 年、100 年……中国的西藏地方与印度的关系，究竟是友好的，还是敌对的，你们终究会明白。我们不能有两个重点，不能把友人当敌人，这是我们的国策。几年来，特别是最近三个月，我们两国之间的吵架，不过是两国千年万年友好过程中的一个插曲而已，值不得我们两国广大人民和政府当局为此大惊小怪……印度朋友们，你们的心意如何呢？你们会同意我们的这种想法吗？关于中国的主要注意力只能放在中国的东方，而不能也没有必要放在中国的西南方这样一个观点，我国的领导人毛泽东主席，曾经和前任印度驻华大使尼赫鲁先生谈过多次，尼赫鲁大使很能明白和欣赏这一点。不知道前任印度大使把这些话转达给印度当局没有？朋友们，照我们看，你们也是不能有两条战线的，是不是呢？如果是这样的话，我们双方的会合点就在这里。请你们考虑一下吧。①

双方在这个时期的交手，还是外交和舆论层面为主。中国

① 见《人民日报》1959 年 5 月 17 日。

政府不希望在中国西南开辟一个新的战场。印度在这个阶段似乎更加主动，因为印度干预的分明是中国西藏事务，而不是中国干预印度内部事务。印度一旦在 1954 年的条约中承认了中国对西藏地方的主权，那么它后续的一些干预就没有了合理的基础。

印度无意在外交争议方面退让，于是由西藏叛乱引发的笔墨官司进一步升级为现实的领土争端。1954 年双方签订通商条约，印度方面认为该条约“默认”了印度主张的中印边界，中国则认为该协定仅涉及中印通商等议题，中印边界从未正式划定。中印间从笔墨争论逐步走向边界纠纷和边境冲突。

中印领土争端有着怎样的历史渊源呢？

20 世纪 50 年代初期，中国政府对西藏地方与印度的边界情况不甚明了，加上当时复杂的内外环境，中央政府忙于各项重大的事务，无力仔细研究中印边界问题。印度政府正是利用了这种机会，趁机侵占了大片中国领土。

在中印边境东段，1929 年以前，英、印出版的地图和中国的画法大体相同，以后却改变了画法，但仍使用“未标定界”的字样。到 1954 年 7 月出版的印度官方地图上，却突然改标为已定的国际边界，把 8 万多平方公里的土地，也就是略小于一个浙江省的领土划入印度版图。他们提出的“根据”是，1913～1914 年，在印度西姆拉由中国政府、西藏地方当局和英国政府三方面代表举行的会议上共同划定了这段边界线，这就是以英国代表麦克马洪命名的所谓“麦克马洪线”。这种说法完全不符合历史事实。西姆拉会议是英国为胁迫中国承认西藏的半独立状态，把中国内地许多地方划入西藏和加强英国在西藏的特殊地位而策划召开的一次会议，会上根本没有谈到边界问题。所谓“麦克马洪线”，是在西姆拉会议以外，由英国政府代表同西藏地方当局代表，瞒着中国中央政府代表，于1914年3月，也就是西姆拉条约签订前三个多月，在德里用秘密换文的方式形成的。它是麦克马洪等在几次私自进入西藏进行测绘工作后，沿西藏高原边缘所画的一条线，尽管英国的统治势力从来没有到达过那里。无论是西姆拉条约，还是这个换文，中国当时和以后任何一届中央政府都没有承认过，因而“麦克马洪线”完全是非法和无效的。正因为这个原因，英国迟迟不敢公布这个条约和换文，“麦克马洪线”以南一直仍由西藏地方政府管辖着。英、印政府的官员米尔斯也认为：“要并入的部落，就天然条件来说，是属于西藏，而不是属于印度的。他们在种族和语言上，是类似蒙古族的。他们的语言属于藏缅语系，与平原上属于亚利安语系的阿萨姆语没有共同之处。因此，在文化的和社会的影响上是倾向于西藏的。”他又指出：“部落地区在商业上和文化上都是同西藏而不是同印度连在一起的。”所以，这条线长时期内在实际生活中并没有起什么作用。1940年以后，英国军队侵入这一地区的若干地点，引起中国人民的极大愤慨。1947年印度独立前后，中国政府曾向刚刚设立的印度驻华使馆提出英国侵入“麦克马洪线”以南的部落地带的指责，西藏地方当局也先后同英、印方面交涉并曾致电尼赫鲁总理，要求归还“麦克马洪线”以南的历来属于中国西藏地方的全部土地。印度政府却无视中国的要求，反而在西藏和平解放前后，大规模地向“麦克马洪线”以南地区推进，在1951～1953年间逐步侵占了这个地区的大片土地，在有的地方还同当地居民发生流血冲突。这就造成了新的更加严重的纠纷。

在中印边界中段，印军侵占了中国的巨哇、曲惹地区等四块地区，并在1954年正式纳入印度的版图。1955年中，在中段的乌热争议地区，中印曾经形成紧张的军事对峙。中国政府以中印友谊为重，谨慎处理了中段的边界纠纷。

虽然中印边界西段从未划定过，但传统习惯线中国一侧的地区历来属于中国管辖。印度独立后，在1954年修改地图时，将中国境内的空喀山口、铁龙滩、奇台大坂、大红柳滩、阿格拉山口、卖争拿马、班公洛、巴里加斯等地划入印度版图，总面积共约3.3万平方公里，从而形成了阿克赛钦、班公湖、巴里加斯三块有争议的地区。

中国中央政府密切注视着中印边界上所发生的一切。随着对中印边界事务了解的逐渐深入，1958年中央政府采取了较为积极的处理边界问题的态度。1958年7月，中国外交部向中共中央提交了一份重要的关于中国与邻国边界问题的报告。关于中印边界问题，报告提出要采取积极审慎态度处理中印边界问题，并在外交部下设立边界委员会。

中共中央在批复这个报告时，还特别要求各边疆省区成立双重领导的边界工作小组。

在1959年前后，中国政府基本形成了对中印边界问题的政策。这一政策的主要内容是：“中印双方应当考虑历史的背景和当前的实际情况，根据五项原则，有准备有步骤地通过友好协商，全面解决两国边界问题。在此以前，作为临时性的措施，双方应当维持边界久已存在的状况，而不以片面行动、更不应该使用武力改变这种状况；对于一部分争执，还可以通过谈判达成局部性的和临时性的协议，以保证边界的安宁，维护两国的友谊。”这一政策是经过全国人大常务委员会批准了的。

马克斯韦尔评论说：“这个立场是公平的，也是明确的。”

1951年，印度当局派兵侵占了中印边境东段麦克马洪线以南的中国领土以后，在中印边界问题上采取坚决不与中方谈判的立场。起初这一立场只是在“麦克马洪线”上有效，在中段和西段边界问题上并没有明确的不与中方谈判的政策。然而到1954年，印度政府将不与中方谈判的立场扩大到中印边界全线。

印度政府顽固地坚持以麦克马洪线作为中印东段边界，说这条线从1951年以来就已成为事实上的边界线。尼赫鲁在议会和其他公共场合中，曾再三声明政府对麦克马洪线的立场。印度政府一意孤行，在朗久、兼则马尼和塔马顿三处设立了哨所，单方面擅自对麦克马洪线作了有利于自己的修改。这是违反必须通过协议修改边界的基本原则的严重行为。印度在这些地方建立了哨所之后，才提出要讨论这几个地点的边界走向问题，而这个提议是以中国不但要接受麦克马洪线，而且要接受印度对西段边界的主张为先决条件。1959年3月22日，尼赫鲁写信给周恩来，正式向中国提出12.5万平方公里的领土要求。印度开始单方面执行“前进政策”，向中国境内推进。

1959年8月25日，入侵中印东段边境地区的印军，在中国一侧的朗久与中国军队交火，入侵印军被击毙2名。27日，印军撤出朗久。这就是朗久事件。朗久事件是中印边境第一次有影响的武装冲突。朗久事件后不久，中印军队边界西段的空喀山口地区再次爆发武装冲突。10月20日，印度武装人员3人非法进入中国西藏地方西北端空喀山口以南的中国领土。中国边防人员当即向他们提出劝告，要他们立即退出，但遭到拒绝。中国边防人员不得不将他们解除武装，予以扣押。10月21日，又有印度武装人员70余人在同一处地方侵入中国境内，并且向正在巡逻的中国边防人员进行武装挑衅，并且一而再、再而三地进逼，向中国边防军猛烈开火。中国边防部队忍无可忍，被迫还击，击毙入侵印军9人，伤3人，俘虏7人。10月22日，中国外交部向印度驻华大使馆递交了一份备忘录，要求印度政府立即采取措施，制止印军侵犯中国边境和类似挑衅事件的再次发生。

面对边界日益恶化的形势，周恩来认为："总要寻求个妥善的迅速的办法来解决，尤其要有个办法先停止发生新的边界纠纷。"采取怎样的办法呢？11月3日，毛泽东在杭州召开了有周恩来、彭真、王稼祥、胡乔木等参加的工作会议。会议的一个重要议题，就是研究如何解决中印边界问题。毛泽东从尼赫鲁来信中提出的双方从朗久撤出的建议中受到启发，说："你说撤出朗久，我就扩大成整个边界线。"毛泽东提出："整个边境线，各退或者10公里，或者15公里，或者20公里。如果说双方各退20公里，就是40公里的距离。或者20公里，或者30公里，或者40公里，中间研究一下，不要武装人员，非武装人员，按照习惯线，各人管理各人的事情。”毛泽东还提出，如果印方答应两国总理会晤，在北京或新德里都可以。他说：“我有这么一个盘子，就是要和平。过去这个边界纠纷是不幸的，双方各执一说，你们说中国侵入，我们说你们进入我们的地方。现在为解除这种状况，双方各退若干公里，搞一个无枪地带，只许民政人员照旧管理，以待谈判解决。”周恩来十分赞成毛泽东的意见，说：“双方声明在谈判以前建立一个无枪地带，这是很主动的。你来了，仅仅接触，你说你的，我说我的，吵一顿，没有枪总打不起来。”王稼祥说：“伤了几天脑筋，一下解决了。”会议还决定，用周恩来致尼赫鲁信的办法将这个建议告诉印度政府。11月4日，周恩来带着这个新建议回到北京，提交当天下午召开的中央政治局会议讨论，获得通过。1959年11月7日，周恩来总理致信尼赫鲁总理，建议“为有效地维持两国边界的现状，确保边境的安谧，并且为边界问题的友好解决创造气氛，中国政府建议：中印两国的武装部队立刻从东边的麦克马洪线和西边的双方实际控制线各自后撤20公里；在双方撤出武装部队的地区，双方保证不再派遣武装人员驻守或巡逻，但是仍然保留非武装人员和非武装的警察，以执行行政任务和维持秩序”。这个建议，实际上是把印度政府9月10日来照中关于双方都不派遣武装人员到朗久的建议扩大到整个中印边境，并且使双方的武装部队的距离扩大到40公里之远。如果这一距离还需要扩大，中国政府也愿意考虑。

这一建议具有十分重要的意义。它说明，中国对于从 8 月 25 日朗久事件以来边境具体情况、领土的变动是非暂时搁置不论，统以 11 月 7 日这一天的双方实际控制线为准，作为双方需要保持的现状；为了避免武装冲突再起，这是可以作为依据的一条线。“在边界划定以前采取这个措施，也丝毫不会约束双方在谈判解决边界问题的时候提出自己的主张”。因此，这有利于创造良好气氛，促成谈判。中国方面一再建议双方进行不设条件的边界谈判。

经过一个时期的斗争，1960 年 2 月 12 日尼赫鲁总理发信邀请周恩来总理访印。中国政府为即将举行的谈判做了充分准备，制定出周密的会谈方案。方案确定，会谈的方针是：“争取就某些原则问题，或者具体问题达成协议，使目前的形势进一步和缓下来，为今后继续会谈和向合理解决准备条件。”根据会谈中可能出现的几种情况，方案确定了不同的对策。主要内容是：第一，会谈的最坏可能是达不成任何协议，在这种情况下，争取达成两国总理继续会谈的谅解，并且发表一个简单的联合新闻公报。如果这点也办不到，只能由双方分别发表声明，在中国的声明中可以表示仍愿遵守五项原则，维护中印友谊，维持边界现状，避免边境冲突，并且愿意继续会谈，寻找解决边界问题的途径。第二，如果达不成协议，对方还愿意保持一个良好气氛，在这种情况下，争取发表一个互表善意的共同声明，包括重申五项原则和万隆精神，继续发展中印友好关系，继续会谈寻求边界问题的和平解决，避免边境的军事冲突等内容。第三，如果全面解决边界问题不可能，但也不是完全不解决，在这种情况下，除发表上述共同声明外，为防止边境冲突和和缓气氛，争取就下列具体问题达成若干协议：（一）成立边界问题联合委员会或者类似组织，寻求解决边界问题的途径，为两国总理继续会谈进行准备；（二）双方武装人员各从实际控制线后撤20公里或者双方同意的一定距离；（三）建议双方对有争执的地点互不驻军。从这份会谈方案中可以清楚地看出，中国的态度是真诚地期望能解决问题，使中印友好关系继续得到发展的。

从4月20日至25日，周恩来同尼赫鲁进行了七次会谈。会谈情况正同事前所估计的，十分艰难。会谈的第一天，尼赫鲁就把谈话主题引到对具体问题的分歧上来，把责任推到中国方面。在总体上，他坚持：（一）中印边界已经划定，如果说没有划定的话，只是说没有在地面上标出来。中国方面把不是问题的问题变成问题，因此引起了争论。（二）中国的地图和印度的地图不同，中国的地图是老地图，中国应该修改它的地图。（三）因为中国方面说边界没有划定，所以中国就是提出了领土要求，这使印度，特别是他本人感到震惊。关于边界的具体划定，尼赫鲁坚持认为，在东段，应该承认“麦克马洪线”，不需要再进行任何商谈；在西段，他硬把属于中国新疆的拉达克地区说成印度的领土，指责中国在那里修建的新藏公路是侵入印度。关于西段的问题，尼赫鲁在1959年3月22日的来信中曾提到过，但是没有这么具体。因此，周恩来认为这是一个新问题。在以后几天的谈判中，尼赫鲁一直反复强调他的这些观点。

周恩来不得不用一些时间，对尼赫鲁提出的这些观点进行必要的澄清。他指出：“我们两国相处，的确有些传统习惯线。作为现代国家，把疆界用经纬度划定，这是我们两个古老的国家还没有做的事。”他说：关于东段，印度政府提出“麦克马洪线”是由西姆拉条约规定的，这使中国人民和中国政府感到十分震惊。怎么能够把 1914 年英国强加于西藏地方政府而中国政府从来没有承认的密约作为根据，要求中国政府承认呢？中国政府不愿意承认“麦克马洪线”，但是愿意采取现实的态度来求得解决。我们从来没有提出什么领土要求，只是说明“麦克马洪线”以南的地区，曾经属于西藏地方政府。在这个地区，过去存在过一条传统习惯线，但是后来改变了。我们主张的是维持现状，说中国政府提出领土要求，那是误会。关于西段，有争议的是阿克赛钦地区，而过去我们从来没有认为那里存在着问题。中国的地图很早就把这个地区划在中国境内，这样的地图出现了很久，我们没有听到印度有不同的意见。中国一直按地图的标准把这个地区看作是属于中国的。关于这一段，印度地图却有许多变化。去年印度政府提出这个问题时，也说有条约规定。我们一查，是指 1842 年克什米尔当局同西藏地方政府之间的和约，但是这个和约只是规定双方维持自己的疆界，永久友好，互不侵犯，并没有关于划界的规定。这完全是一个新问题，不是中国提出领土要求，而是印度提出领土要求。周恩来表明：他花了这么多时间来说明历史的真相，绝不是为了“重复争论”，而是为了“寻求解决”。他说：“我就是本着这种精神来的。”

中印最后在联合声明中达成两点协议：

一、两国总理同意，两国政府的官员应该会晤，审查、核对和研究各方用以支持其立场的有关边界问题的一切历史文件、记录、记述、地图和其他资料，并且拟出报告递交两国政府。这个报告将罗列一致的各点、不一致的各点，或者需要更充分审查和澄清的各点。这个报告应该有助于两国政府对这些问题的进一步考虑。

二、双方还同意，官员们应该从1960年6月至9月轮流在两国首都会晤。第一次会议应该在北京举行，官员们将在1960年9月底以前向两国政府报告。在进一步审查事实材料期间，双方应该做出一切努力来避免在边境地区发生摩擦和冲突。①

这一十分有限的共识也十分脆弱，4月26日，周恩来一行结束访问，飞机起飞不久，送行的尼赫鲁在机场随即发表声明，实际上甚至推翻了双方达成的事务性的共识。这种“态度”尤其让中国难以忍受。4月28日，周恩来总理在加德满都记者招待会上表达了无法抑制的愤懑之情：“尼赫鲁总理26日在议会上的讲话对中国不很友好。我25日晚上，在新德里的记者招待会上的讲话对印度是很友好的。尼赫鲁总理怎样对待我们呢？他当面不说，可是，我们一走，就攻击中国政府侵

① 见《人民日报》1960年4月26日。

略。这不是对待客人的态度。这种态度，使我们非常痛心，特别是尼赫鲁总理是我们所尊敬的。”陈毅副总理特别强调指出：“我要提醒你们注意，中国是一个受损害的国家，我要强调地说，中国是一个受损害的国家。”

1960年中印两国有关边界的会谈和谈判失败了。印度政府沿着拒绝和平解决边界问题的道路继续走了下去。

由于印度政府已经侵占了“麦克马洪线”以南的中国领土，中国是忍让的立场，所以西段边境就成为印度政府关注的焦点。在舆论宣传上，印度政府给自己断绝了退路。既然尼赫鲁政府把中国部队出现在印度主张的领土上描绘成为侵略行动，那就有责任对此采取措施。如果外交方式失败，那就得使用武力。直接使用军事力量赶走中国部队的做法将导致战争并对战争负责，因而被排除；默认边界现状的做法等于承认失败，因而也被排除；那么，在尼赫鲁面前就只有第三条道路，这就是“前进政策”。

所谓“前进政策”，就是以强大的后援为后盾，在中印边境地区不断派遣小股印军向中国境内渗透，在避免与中国边防部队发生正面大规模的冲突情况下，在中国边防哨所后逐步推进，在地势有利的地区建立印度自己的哨所，并以此为基地，进一步向中国境内推进，造成既成事实，在时机成熟的时候发动决定性的军事行动，以彻底解决边界问题，实现印度所主张的边界线，或者至少以此增加与中国谈判时的筹码。从1961年夏到1962年7月，印度在拉达克地区已经向前推进了3500平方英里。

对“前进政策”，马克斯韦尔有一段经典性的评论：

> 前进政策是从这样的一个法理出发的：它假定占有本身就构成了十分之九的法律根据。因此印度只要向前走并且赖在阿克赛钦的尽可能多的地方，就会扭转它对中国的劣势，或至少取得同中国的平等地位。这个政策又是鲁莽的，因为中国人曾多次提出警告：印度如果坚持推行它在西段的主张，中国人就将跨越麦克马洪线进行报复，但印度完全置之不理。归根结底，这个政策是荒唐的，因为它的基本前提是：只要印度不对中国的阵地发动进攻，那么，无论印度派出多少哨所和巡逻队进入中国主张和占据的领土，中国也不会进行武力的干预。前进政策带有过去印度人反对英国时所采取的不合作主义的味道。不过这一次的不合作主义的成员都是武装部队，在受到攻击时能够进行还击。印度人相信自己道义上无懈可击，它能够使中国人打消进攻的念头。这种信念使人们想起他们过去也曾相信英国人不肯对他们使用武力，否则就会自己遭殃的那类想法。这似乎反映了尼赫鲁的一种看法，就是认为印度的和平天性是举世无双的，并且深信全世界，包括中国在内，都同意这种看法。印度在全世界享有的声誉会给派往阿克赛钦的印度巡逻队披上一层道义的甲胄。

上述这些看法都不过是空想，尤其荒唐的是：前进政策的目标之一是企图改变阿克赛钦的军事力量对比，使得印度能够用武力赶走中国人。1961 年，那时前进政策已开始推行，尼赫鲁在印度人民院讲道：“在我国的领土上发生了某种侵略。我们应该怎样对待呢？首先，我们的目标是什么？很明显，我们的目标只能是设法使侵略者退出。怎样才能做到这一点呢？采用外交的方式，采用各种手段，最后，如果你们愿意这样说的话，就采用战争的手段……我们要不断加强我们的阵地，以便在我们认为自己有足够力量的时候，而不是在处于劣势的时候，来应付局面。”①

退无可退，只好奋起反击。

直到 1962 年 9 月下旬以前，中央和毛泽东同志都没有下定进行还击的决心。10 月 6 日，鉴于印度政府一再拒绝通过和平谈判解决边界问题，鉴于印度当局不断将边界冲突升级的挑衅行为，在的确无法退让的情况下，中共中央不得不做出进行自卫反击的决定：“假如印军向我进攻，则要狠狠地打他一下，除东线西藏做出准备外，西线也要配合，假如他进攻，不仅要打退，还要打狠打痛。”

中国向盟国苏联、朝鲜等紧急通报中印边界局势。10 月 8 日，周恩来接见苏联驻华大使契尔沃年科，通知他：印度可能在中印边境东段发动一场大规模的战争。我们认为事先通知苏方是我们的国际主义义务。但是，我们只是通知，对苏方没有任何要求。10 月 13 日和 14 日，赫鲁晓夫向中国大使表示：“关于印度准备向中国发动进攻的问题，苏联得到的情报是与

① 《印度对华战争》中译本，生活·读书·新知三联书店 1972 年版，第 278 页。

中国一致的。如果苏联处在中国的地位，也将采取同样的措施。在中印边界问题上，是不能采取中立态度的，如果有人进攻中国，我们说我们中立，那就是叛徒行为。”10月12日，周恩来赴平壤会见金日成，通报了中印边境形势。周恩来表示，对尼赫鲁政府即将发动的侵略战争，中国拟采取坚决反击的措施。

10月20日拂晓，中国边防部队奉命在中印边境东、西两线，同时开始对入侵印军实施自卫反击作战。反击进展顺利。为乘胜发展，扩大战果，党中央决定迅速地向“麦克马洪线”以南进行追击，给印军以更大的打击。10月21日，中央军委命令西藏边防部队“要乘胜发展，越过‘麦线’……为下一步夺取达旺创造条件”。10月22日，中国国防部发言人宣布：“为了防止印度军队卷土重来，再度发动进攻，我边防部队在自卫战斗中，没有必要再受这条非法的麦克马洪线的约束。”经过几天的激烈战斗，中国军队打退了印军多次进攻并进行了反击。在东段，一举全歼侵入中国境内的印军第七旅，并越过“麦克马洪线”，进占达旺，逼近瓦弄；在西段，清除了印军在中国境内设立的许多据点，收复大部分领土。这些迅猛有力的还击，给了入侵印军出乎预料的沉重打击。

中国政府鉴于印度在边境地区长期一再侵略、蚕食我国领土，并在印度当局发动大规模进攻的情况下，不得不进行坚决的自卫反击战。这样做完全是正义的。中央决定进行自卫反击战的重大决策的时间恰好是在八届十中全会之后，中共中央能下这个决心，八届十中全会制定的国际“反修”战略起了相当作用。

10 月 24 日，中国政府发表声明：中国政府认为，中印两国政府都应该以中印 11 亿人民的根本利益为重，以两国人民反对帝国主义斗争的共同利益为重，以亚洲和平和亚非团结的利益为重，竭尽一切可能，寻求停止边境冲突、重开和平谈判、解决中印边界问题的途径。[①] 周恩来代表中国政府向印度政府提出了和平解决中印边界问题的三项建议。三项建议的具体内容是：（一）双方确认中印边界问题必须通过谈判和平解决。在和平解决前，中国政府希望印度政府同意，双方尊重在整个中印边界线上存在于双方之间的实际控制线，双方武装部队从这条线各自后撤 20 公里，脱离接触。（二）在印度政府同意前项建议的情况下，中国政府愿意通过双方协商，把边界东段的中国边防部队撤回到实际控制线以北；同时，在边界的中段和西段，中印双方保证不越过实际控制线，即传统控制线。有关双方武装部队脱离接触和停止武装冲突事宜，由中印两国政府指派官员谈判。（三）中国政府认为，为了谋求中印边界问题的友好解决，中印两国总理应该再一次举行谈判。在双方认为适当的时候，中国政府欢迎印度总理前来北京；如果印度政府有所不便，中国总理愿意前往德里，进行谈判。

同日，周恩来致函尼赫鲁总理，希望印度政府对中国的三项建议做出积极回应。

印度政府当天即拒绝中国建议。周恩来总理 11 月 4 日再

① 见《人民日报》1962 年 10 月 24 日

次致信尼赫鲁总理，在信中对“实际控制线”作了进一步说明：“关于中印双方武装部队从实际控制线各自后撤20公里、脱离接触的建议，是中国政府早在1959年就提出来的，更具体地说，是我在1959年11月7日给你的信中提出的。中国政府现在是重申这一建议。建议中所说的实际控制线基本上仍然是1959年11月7日当时存在于双方之间的实际控制线。具体地说，它在东段大体上与麦克马洪线一致；在西段和中段，大体上同中国一贯指出的传统习惯线一致。”印度政府所提出的“1962年9月8日前存在于中印边界全线的局面”，正是自从1959年末以来印度实施“前进政策”的过程中，不断向中国境内推进，蚕食了大量的中国领土以后所形成的那样一种局面。印度提出这一所谓的“实际控制线”，恰恰证明了印度自从1959年以来蚕食中国领土的事实。在分析了所谓“1962年9月8日前存在于中印边界全线的局面”之后，周总理指出，印度政府的建议实际上“提出了只适宜于强迫战败者接受的条件”。当晚，周恩来总理在欢迎朝鲜政府贸易代表团的宴会上讲话时重申，中国决不会放松和平解决中印边界冲突的努力，“但是，如果印度方面一意孤行，硬要用武力来实现对中国的领土要求，那么，可以肯定地说，任何人都不能期待，中国将在武力面前屈服”。

周恩来在11月4日的信中说：“中国政府所以着重地重新提出这一建议，是因为根据三年来的痛苦经验，深深地体会到在有争论的边境地方，如果不使双方的武装部队脱离接触，就很难避免冲突。中国政府的这项建议以1959年实际控制线为基础，而不是以目前双方武装部队的实际接触线为基础。这就充分说明，中国方面没有因为最近在自卫反击中所取得的进展，而把任何片面要求强加于印度方面。按照中国政府的这项建议，双方承担的义务是对等的。”而“印度政府却向中国政府提出了只适宜于强迫战败者接受的屈辱条件”，“同扭转目前局势和恢复中印友好关系的目的背道而驰”。周恩来强调：“我们两个国家都是主权国家，任何一方都不能把自己的片面要求强加于另一方。印度有自尊，中国也有自尊。正是从维护中印双方的这种自尊出发，中国政府才提出 10 月 24 日的三项建议。我诚挚地呼吁阁下再一次考虑这三项建议，并且作出积极的响应。”

14 日，尼赫鲁写信给周恩来总理，再次拒绝中国政府为和平解决边界问题而提出的三项建议。宣布全国处于“紧急状态”。11 月 16 日，鉴于印度政府一意孤行，积极准备发动新的一轮进攻，中国边防部队发起第二阶段的自卫反击作战。我边防部队以东段的西山口作为主要反击方向，采取以一部兵力钳制正面之敌，集中主力向两侧及敌后实施迂回包围的战法，歼灭了侵入西山口地区的印军大部。接着继续向南反击，先后收复了德让宗、打陇宗、邦迪拉及其南面的鹰巢山等几个山口，逼近中印边界传统习惯线。东段其他地区和西段地区，我边防部队也分别向正面的入侵印军发动反击，收复了梅楚卡、塔克辛、瓦弄等地，全部拔除了中国境内的印军侵略据点，粉碎了印军的再次进犯。经过第二阶段反击作战，中国边防部队在东段控制了“麦克马洪线”以南的大片土地；在西段驱逐了入侵印军，拔除了印军全部侵略据点。印度军队彻底溃败，已经丧失了进行任何有效抵抗的能力。

当时舆论普遍认为，中国军队必将在战场上充分利用已经取得的有利态势，乘胜追击，扩大战果。然而中国政府却出人意料地决定立刻在中印边界全线主动停火，并准备后撤。11月21日零时，《人民日报》发表中华人民共和国政府声明，宣布：

一、从本声明发表之次日，即1962年11月22日零时起，中国边防部队在中印边界全线停火。

二、从1962年12月1日起，中国边防部队将从1959年11月7日存在于中印双方之间的实际控制线后撤20公里。

在东段，中国边防部队虽然至今是在传统习惯线以北的中国领土上进行自卫反击，但仍准备从目前的驻地撤回到实际控制线、即非法的麦克马洪线以北，并从这条线再后撤20公里。

三、为了保证中印边界地区人民的正常往来、防止破坏分子的活动和维持边境秩序，中国将在实际控制线本侧的若干地点设立检查站，在每一个检查站设立一定数量的民警。中国政府将通过外交途径将上述检查站的地点通知印度政府。

声明指出，中国边防部队后撤之后，将远离他们在1962

年 9 月 8 日以前的位置。如果印度军队继续进攻，在中国边防部队沿整个实际控制线后撤 20 公里以后，印度军队在东段重新推进到实际控制线、即非法的麦克马洪线，在中段和西段继续留在实际控制线沿线不撤；在中国边防部队沿整个实际控制线后撤 20 公里以后，印度军队越过实际控制线，恢复他们在 9 月 8 日以前的位置等情况，中国保留进行自卫反击的权利。

中国政府和中国边防部队在中印边境冲突中的正义之举，在古今中外战争史上都是没有先例的。这个出人意料的举动，“就像掌舵的遇到激流应该转舵那样非常之灵活、非常之迅速、非常之坚决”，在国际舆论中引起了巨大的轰动。中国不仅在军事上取得巨大胜利，而且在政治上取得完全主动。加纳广播电台广播说：“这确实是一个令人高兴的意外的事情。”香港《明报》也评论说：这一招使得漂亮之极，潇洒至极。蒙古人民共和国部长会议主席泽登巴尔访华期间对周恩来说：“（中国）采取了很大（的）主动，这是明智的步骤。中国关于通过谈判和平解决中印冲突的建议，我们认为是合情合理的。”缅甸驻华大使叫温称，这些措施“崇高而宽大”。他说：“印度政府应该予以接受，并采取同样措施。”它是中国政府坚持了和平解决中印边界问题的立场和言行一致的铁证。它震动了世界，产生了积极的效果。中国既赢得了军事上的胜利，又赢得了政治上的伟大胜利，使印度政府虽不愿意停火，又不好反对停火；虽不愿意和谈，又不能再打下去；既不能谈什么胜利，又不敢公开承认失败；既挨了打，又输了理。

我边防部队遵照政府声明，于 11 月 22 日零时在中印边境全线主动停火，12 月 1 日开始全线后撤，从 1959 年 11 月 7 日的中印双方实际控制线向中国一侧撤退 20 公里。停战后，我国政府命令我边防部队将在自卫反击战中缴获的大批武器、车辆和其他军用物资交还印度，尔后又分批释放了包括印军第七旅旅长达维尔准将在内的 3000 多名全部被俘人员。

尽管印度政府没有如人们所期待的那样做出积极反应，但是，由于中国政府率先停火并且撤回自己的部队，中印边境的局势缓和了下来，并开始显示出转机。12 月 1 日，中国方面主动从中印边境全线主动后撤。至 1963 年 2 月 28 日，中国边防部队完成了全部后撤计划。1963 年 5 月 26 日，国防部发言人宣布：已经全部完成遣返和释放被俘印度军事人员。

二、中苏分道扬镳

◎赫鲁晓夫发动对中共的新一轮攻势

◎中国忍无可忍，奋起还击

◎有几个苍蝇碰壁

◎引发“九评”的那封苏共中央公开信

在八届十中全会以前，中苏关系一度有所缓和，但在总的趋势上继续恶化：1962 年 2 月，苏共在事实上拒绝了若干兄弟党关于召开国际会议的建议。2 月 22 日，苏共中央致信中共中央，说苏共担心三条：（一）“阿尔巴尼亚领导人的反列宁主义的行为受到了中国报刊的支持”；（二）“中国代表们在国际民主组织中采取自己的特殊的立场”；（三）中国共产党“在国际共产主义运动中实行与兄弟党集体制定的共同方针不同的路线的趋向日益明显”。表示要同中国好，只是不能同阿尔巴尼亚好，希望中国不要管阿尔巴尼亚，但中苏两党两国还是要合作，要团结，双方的分歧是可以消除的，是可以妥协的。言犹在耳，4、5月间，在苏联驻中国新疆领事馆的策动下，新疆塔城和伊犁地区发生了暴乱事件。

八届十中全会以后这种恶化进一步加剧了。

1962年10月印度军队向中国大规模武装进攻，中国政府被迫进行自卫反击战。苏共在这一问题上出尔反尔，加剧了中苏关系的恶化。

1962年4月，印度军队在苏联提供的军事装备援助下，连续侵入中国的新疆、西藏地区，并增设军事据点。八届十中全会以后，中国共产党明确了国外“反修”、国内“防修”的任务。10月，中印边界骤然紧张。这时发生了“加勒比海危机”。当年6月，苏联秘密将中程导弹和“伊尔－28型”轰炸机运进古巴，这是把原子战争引向边缘的冒险政策。8月被美国发觉，美国于10月断然封锁了古巴全岛，肯尼迪总统发出最后通牒，要求苏方把导弹和轰炸机撤出古巴，形势十分紧张。赫鲁晓夫对于美苏的这种直接对抗可能达到什么程度心中没底，存在随时向中国求助的需要，当时只有中国这个军事盟国有可能于苏美在西方对抗时，在东方采取行动给美国施加压力，作战略上的配合。赫鲁晓夫于10月13日和14日，向中国驻苏大使刘晓表示说：如果有人进攻中国，我们说我们中立，那就是叛徒行为。

中国边防部队进行自卫反击，粉碎了印军的进攻，拔除了印军入侵后修筑的据点，收复了失地。10 月 24 日中国政府发表声明，提出停止边境冲突、重开和平谈判、解决中印边界问题的三项建议。10 月 25 日，苏联《真理报》发表社论，说“声名狼藉的麦克马洪线是强加给中国人民和印度人民的，这条线从未被中国承认过”，并表示中国政府 10 月 24 日声明中提出的三项建议是建设性的，“是中印双方开始谈判和和平解决争端的可接受的基础”。

可是，苏联被迫接受了肯尼迪关于苏从古巴撤出导弹的限令，接受了美国海军用肉眼检查苏装载撤出导弹的船只的条件后，加勒比海危机和缓下来。在古巴导弹危机出现以前，中国作为与苏联有着条约关系的军事盟国，从未接到苏联方面在古巴部署导弹的通报，这使得中国非常不满。古巴导弹危机暂时平息下来以后，中国方面不点名地批评了苏共在古巴问题上先是冒险主义，后又犯了投降主义的错误，惹得赫鲁晓夫恼羞成怒。11 月 22 日，中国军队单方面在中印边境实行全线停火，12 月 1 日起主动从 1959 年 10 月 7 日实际控制线中国一边后撤 20 公里。此时赫鲁晓夫在中印边境冲突问题上改变了调子，于 12 月 12 日在最高苏维埃会议上重新偏袒印度，含沙射影地说：我们完全没有这种想法，即印度想同中国打仗。中国单方面停火、后撤，当然很好，但是，中国部队当时不从原有阵地前进，岂不更好?

苏联对中国批评它在古巴导弹危机中的做法尤其不满。

中国根据“战略上藐视敌人，战术上重视敌人”的辩证思想，清醒地指出，在古巴事件中存在着冒险主义在前，投降主义在后的现象。赫鲁晓夫没有虚心地进行自我批评，反而恼羞成怒，从 1962 年 10 月至 1963 年 1 月在先后举行的保、匈、捷、东德四国共产党代表大会上，又一次组织对中国共产党的围攻。中共代表团进行了坚决的回击。双方唇枪舌剑，火药味甚浓。关于中国代表团受到的粗暴待遇和双方尖锐的斗争情况，当时中国代表团团长伍修权经历了全部过程，他对此行的最后一站东德的情况有生动的回忆：

1 月 18 日上午，我代表中共中央向大会致辞并宣读了贺电。当时赫鲁晓夫未到场，也许是故意避开了。我们在贺词中，强调各兄弟党应当平等协商，消除分歧，加强团结；对所谓“和解”建议，要听其言观其行，反对搞假团结真分裂；并对利用自己的党代大会来攻击另一些兄弟党的做法，再次表示了“极大遗憾”。我们的讲话当然不合苏共和东德党的口味。就在我发言过程中，大会执行主席、东德党柏林市委书记维尔纳竟一再摇铃制止我发言。这个祝词稿是在国内起草并由中央审定发来的，我既无权修改，也不能中止发言，就不顾他的反对，仍然坚持往下读。谁知道这下子就热闹了，从主席台上到会场中间，发出了一片喧闹声、口哨声和拍桌子、跺地板的声音。我的发言被粗暴地打断了。那时我心里倒还冷静，我想站在这里的不是我一个伍修权，而是一个有着几千万党员的中国共产党的代表，我个人虽无所谓，我却代表了一个伟大的国家和伟大的党，你们再闹也不能把我怎么样，还不敢把我从讲坛上拉下来。我就不动声色地看着台上台下的混乱场面，倒看出了一点苗头，发现闹得最凶的主要是主席台上和会场前座的中间几排，那里坐的基本上都是东德党的高级干部，而后排和两边的一般代表席上，则相对地比较安静。这场喧闹持续了足有好几分钟，当他们终于慢慢停息下来后，我立即重新开始发言，并且离开讲稿临时加进了一句话："你们这样做很好，这就使我看到了你们德国同志的'文明'。"由于这话是离开讲稿针对现场情况讲的，同声翻译室中的德国译员有意不翻这句话。正好那里有一位中国同志，他也在那里担任口译，他见德国译员故意漏了这句话，立即拿起话筒，用德语把这句话补充播发了出来，在会场上又一次引起了反响。这位同志叫梅兆荣，他开始是我国派去的留学生，当时是使馆的工作人员。他机敏、及时的行动，给我留下了很深的印象。

由于东德党代大会对我们代表团采取了无礼的冷淡态度，我们只得以冷对冷。从18日我在台上被哄闹起，我们除了参加大会的闭幕式和向烈士墓献花的活动，并去了一下波茨坦外，其余的活动如参观展览会、出席音乐会和酒会等，虽然德方也邀请了我们，我们一概谢绝不去。在闭幕大会上，当乌布利希和赫鲁晓夫等进入会场和乌布利希作闭幕讲话时，全场代表和外国客人都照例要起立鼓掌，我们都冷冷地既不起立也不鼓掌。在会议执行主席一宣布大会结束后，没等唱《国际歌》，我们就起身离开会场。这些行动在大会上都显得非常引人注目，大大影响了这次会议的“圆满”气氛。[①]

加在中国人头上的新“罪名”是，中国对于赫鲁晓夫所采取的避免了一场核战争的“英明”措施（指自动从古巴撤出刚运进去的核武器），竟然加以批评，表现了中国的“冒险主义”和想把全世界“拖入热核战争”。事实上，中国不赞成轻易把核武器运至古巴引起美苏关系的紧张，中国反对这种“冒险主义”，因而根本说不上什么中国想把世界“拖入热核战争”。而且，中国也没有反对和阻挠从古巴撤出所谓“进攻性武器”，但是中国的确反对那种不同古巴领导人商量就匆匆溜之大吉的做法。而且，既然要撤，何不同时提出要美国也考虑一下，从1959 年 10 月以后美国在紧挨着苏联的土耳其部署中程导弹，是不是也应该撤出呢？这不是名正言顺的吗？现在是美国一个警告，就急急忙忙撤出导弹，唯恐稍有不及就要引来大祸一样。真是仓皇失措，对一个最大的社会主义国家来说，不是有点“投降主义”的味道吗？

在这一阵子的反华叫嚣中，除苏联之外，意大利、法国、美国等国的共产党的某些人也站到了反华的前列。除了在布加勒斯特会议上赫鲁晓夫所封给中国的几顶帽子之外，他们总的又给中国加上分裂主义、宗派主义、民族主义等许多帽子。而

① 伍修权：《回忆与怀念》，中共中央党校出版社 1991 年版，第 362～363 页。

除了“古巴事件”及其所引出的争论是属于新内容之外，几乎都是老问题。

中共代表以各种方式呼吁苏共回到内部平等协商的轨道上来，通过同志式的讨论和协商，消除分歧，加强团结，但是未能得到应有的响应。于是中国共产党自 1962 年 12 月至 1963 年 3 月，陆续发表了《全世界无产者联合起来反对我们的共同敌人》《陶里亚蒂同志同我们的分歧》《列宁主义和现代修正主义》《在莫斯科宣言和莫斯科声明的基础上团结起来》《分歧从何而来》《再论陶里亚蒂同志同我们的分歧》《评美国共产党的声明》等 7 篇答辩文章。文章主张国际共运和兄弟党在 1957 年莫斯科宣言和 1960 年莫斯科声明的基础上团结起来；文章批评了从苏共二十二大起出现的在一个党的代表大会上攻击另一个党的反常现象，也批评了意共等在五个国家的党的代表大会上对中国、阿尔巴尼亚、朝鲜等党的攻击，指出这种错误的做法破坏了兄弟党之间的团结，破坏了国际共运的团结。不过，在关于世界政治和国际事务的原则争论中对现代修正主义观点的批评，仍然没有点苏联的名。

毛泽东在陈伯达送来的《红旗》杂志编辑部文章《再论陶里亚蒂同志同我们的分歧》中，写下了两段颇有文采的话：

> 现在这篇文章准备就陶里亚蒂等同志多年来发表的错误言论，更详细地进行一次分析和批判，作为我们对他们再一次攻击的回答。待陶里亚蒂等同志看了我们这个回答以后，看一看他们表示什么态度——还要说我们“往往缺

乏明白的明确性”吗？还要说我们“十分抽象和概念化”、“缺少实际感”吗？还要说我们对意大利的情况和意共的工作“没有确切的了解”，对意共的立场是“明显的捏造”吗？还要说我们是“教条主义者和宗派主义者用过激的革命巧语掩饰他们的机会主义”吗？待我们看一看，那时再作适当的处理。总之，只许老爷开腔，不许小的吭气，是不行的，只许州官放火，不许百姓点灯，是不行的。从古以来也没有这样一条被公众承认的不公平的法律。何况，我们共产党人之间的分歧，只能采取摆事实说道理的态度，而断断不能采取奴隶主对待奴隶的态度。全世界无产者和共产党人一定要团结起来，但是只能在莫斯科宣言和莫斯科声明的基础上，只能在摆事实说道理的基础上，只能在平等商量有来有往的基础上，只能在马克思列宁主义的基础上，才能够团结起来。如果只许奴隶主们向奴隶们挥舞指挥棒，口中念念有词，说是“团结，团结”，那其实说的是“分裂，分裂”，天下的奴隶们是不能接受这种分裂主义的。我们要的是团结，坚决不允许一小撮人闹分裂。

一种很有趣味的现象在国际共产主义的运动中普遍地出现了。什么现象呢？就是那些自称手中握有全部马克思列宁主义真理的英雄好汉们，却十分害怕他们所使劲地斥责的所谓“教条主义者”、“宗派主义者”、“分裂主义者”、“民族主义者”、“托洛茨基主义者”们，为了答辩他们的攻击所写的文章。他们不敢在他们报纸、刊物上发表这些文章。他们胆小如鼠，害怕得要命，对我们的答辩文章，不敢让自己国内的人民同它们见面，严密封锁，水泄不通。甚至用强大的电台干扰，不使人民听到我们的广播。可爱的掌握了全部真理的先生们，朋友们，同志们，你们既然肯定我们的文章是错误的，何不将这些错误文章通通发表出来，然后逐条予以批驳，以便在你们自己国内的人民中间能够引起痛恨，痛恨那些被你们称之为教条主义、宗派主义、反马克思列宁主义的邪魔歪道呢？你们为什么不敢这样做呢？为什么要封锁得铁桶一般呢？你们怕鬼。一个“教条主义”亦即真正的马克思列宁主义的巨大幽灵在全世界徘徊着，这个幽灵威胁着你们。你们不信任人民，人民不信任你们，你们脱离群众，所以你们害怕真理，害怕的情况达到那样可笑的程度。先生们，朋友们，同志们，好样的，站出来，在全国全世界人民面前公开辩论，双方互登对方一切批评自己的文章。我们希望你们学习我们的榜样，我们就是这样做的。我们敢于全部全文地登载你们的东西。在登载你们一切痛骂我们的“伟大”作品以后，然后逐条地或者扼要地驳斥你们，当作我们的回答。有时我们只登载你们的错误文章，我们一个字也不作回答，让读者们自己去思考。这难道还不算公平合理吗？现代修正主义的老爷们，你们敢不敢这样做呢？好样的，就敢。心亏理怯，色厉内荏，表面上气壮如牛，实际上胆小如鼠，那你们就不敢。我们断定你们是不敢的。是不是这样的呢？请回答吧。全世界无产者，联合起来。[①]

诗以言志，歌以咏怀。

在1962年5月毛泽东发表旧作前半年，即他68岁生日之际的1961年12月，毛泽东写下了一首著名的词《卜算子·咏梅》：

卜算子·咏梅

风雨送春归，飞雪迎春到。已是悬崖百丈冰，犹有花枝俏。　　俏也不争春，只把春来报。待到山花烂漫时，她在丛中笑。

细品其味，符合当时毛泽东对形势的判断和毛泽东自身的特点。1961年底，虽然经济形势仍然十分严峻，但是外来压力还比较小，毛泽东乐观地认为，最困难的时期已经过去，已经退到谷底了，今后将是上升的趋势。

1962年岁末，开完八届十中全会的毛泽东在《宣教动态》最后一页的空白处，抄写了清朝诗人严遂成诗《三垂冈》：

① 见《人民日报》1962年12月31日。

三垂冈

英雄立马起沙陀，奈此朱梁跋扈何。
只手难扶唐社稷，连城犹拥晋山河。
风云帐下奇儿在，鼓角灯前老泪多。
萧瑟三垂冈下路，至今人唱《百年歌》。

这首诗是咏后唐李克用及后唐庄宗李存勖的，悲壮而苍凉。

1962年12月26日，即发表旧作半年以后，毛泽东又迎来了他69岁的生日。按照中国民间的计岁方法，毛泽东步入“古稀”之年。抚今追昔，毛泽东感慨万千。一年以前，他还想着功成身退，“不争春”，想着“待到山花烂漫时，她在丛中笑”；谁又能想到在短短一年中，经过复杂尖锐的党内斗争，而今毛泽东自比“英雄”、“豪杰”，要“驱虎豹”、“斗熊罴”了。且看他此时的新作《七律·冬云》：

七律·冬云

雪压冬云白絮飞，万花纷谢一时稀。
高天滚滚寒流急，大地微微暖气吹。
独有英雄驱虎豹，更无豪杰怕熊罴。
梅花欢喜漫天雪，冻死苍蝇未足奇。

去年的梅花原本是“不争春”、只报春，等到漫山遍野鲜花烂漫的时候悄然离去的，让人感到一种幽幽的美。今年的梅花呢？今年的梅花则不待春日到来了。她在漫天大雪中，迎风怒放，一枝独秀，傲视一切，鄙视“苍蝇”“蚊虫”，欢快地看到它们被“冻死”。今年的梅花不能等待，她要“争”了。如果我们从《卜算子·咏梅》看到的是烟波浩渺、风平浪静的景色，那么毛泽东六首旧作的发表则是“风乍起，吹皱一池春水”了，而《七律·冬云》则绘声绘色地刻画出“弄潮儿向潮头立，浪打红旗旗不湿”的波澜壮阔的壮观场面。

1963年1月9日，毛泽东看到郭沫若发表在元旦《光明日报》上的一首词后，步郭词原韵，写下了《满江红·和郭沫若同志》：

满江红·和郭沫若同志

小小寰球，有几个苍蝇碰壁。嗡嗡叫，几声凄厉，几声抽泣。蚂蚁缘槐夸大国，蚍蜉撼树谈何易。正西风落叶下长安，飞鸣镝。　　多少事，从来急；天地转，光阴迫。一万年太久，只争朝夕。四海翻腾云水怒，五洲震荡风雷激。要扫除一切害人虫，全无敌。

这几首词有的是抄录，有的是自己吟咏。后两首毛泽东自己作的词，按照他本人的解释，是“反修”的。我们把这几首词排列在一起，就能看出毛泽东在1962年岁末到1963年岁初一个多月中的心理变化。如果说毛泽东抄录《三垂冈》时，心里还有着某种寂寞和历史的苍凉，《冬云》是不畏艰难困苦，在厄难中奋发拼搏，《满江红·和郭沫若同志》则表现了恢宏斗争的气势和必胜的决心。

毛泽东的诗词、他的心路历程，曲折地反映着那段波澜起伏的历史。

在中苏两党、两国关系的急剧恶化过程中，苏共中央于1963年2月21日致函中共中央，建议举行中苏两党会谈。此后双方信件往来，进行了频繁的磋商。

1963年3月30日，苏共中央在给中共中央的公开信中发表了关于国际共运的全面系统的观点。中共中央于6月14日给苏共中央复信，也就国际共运总路线系统地谈了自己的看法。《人民日报》于17日公开登载了这些来往信件。如果说，从1960年“三篇文章”的发表至今，算是中苏论战的第一阶段，即属于思想观点的论战阶段，那么，中国关于国际共运总路线的建议（又称“25条”）的提出，虽然仍属思想观点论战的性质，却使思想论战有了新的性质。这是因为，“25条”不仅包括了国际方面，也包括了世界各国的国内方面；包括了国家关系方面，也包括了党的关系方面；包括了国内的阶级关系方面，也包括了党的建设方面，思想论战的范围大大扩大了。在“25条”里，对“全民国家”、“全民党”的观点提出了批评，而在此之前是没有专门提到过的。又如，从国际共运总路线的角度提出问题，并把现阶段的总路线同全世界无产阶级政党的最终目标、世界革命的完全胜利联系起来，这就使论战上升到了一个新的高度。

1963年7月6～20日，以邓小平为团长的中国共产党代表团，同以苏斯洛夫为团长的苏共代表团在莫斯科举行会谈，双方举行了9次会谈。会谈中双方唇枪舌剑，针锋相对。会议进行期间，苏共中央违背双方已经达成的会谈期间双方不发布会谈消息的协议，破坏谈判的气氛，于7月14日公开发表了《给苏联各级党组织和全体共产党员的公开信》，诽谤和攻击中国共产党，在全党部署了对中共的全面批判，以示对两党关系之决绝态度。

在苏共发表《公开信》之后的中苏两党会谈第八次会议上，中国代表团成员康生发言，批评苏共“歪曲和攻击中共代表团在会谈中的立场，从而破坏了已经达成的关于在会谈期间双方不发布会谈消息的协议”，并十分尖锐激烈地谈了批判斯大林问题和无产阶级专政问题（“全民国家”、“全民党”问题）。

康生发言后，苏斯洛夫提出“坚决抗议”说：“抗议你们对我们党的领导、对赫鲁晓夫同志、对我党几次代表大会决议的歪曲、捏造和诽谤”，并声称“中共领导要对这一切行为承担全部责任”。邓小平说：你提什么抗议？“如果说要抗议的话，我们可以提出更多的抗议。”邓小平代表中共代表团建议：这次会谈暂告一段落，双方可以在另一时间继续举行会议，时间和地点由两党中央另行商定。

7月21日，代表团返抵北京首都机场，受到毛泽东、刘少奇、周恩来、朱德和董必武等党和国家领导人及各界代表等

5000余人规模盛大的欢迎。

这次会谈不但没有弥合嫌隙，反而加剧了中苏间的矛盾，明确和扩大了双方的分歧，中苏终于分道扬镳，走向分裂之路。随后，中苏双方进行了规模浩大的公开论战。

苏共中央发表了《公开信》后，苏联所有宣传舆论工具都投入了反华宣传，仅在1963年7月15日至10月的三个多月，苏联报刊广播就发表了有反华内容的文章、资料共1100多篇，其中有的公然煽动中国共产党内和国内的“健康力量”起来反对中共中央的领导。一方面，苏共在全党部署了对中共的全面批判，以示对两党关系之决绝态度；一方面，苏联同美英一起搞的旨在保持核垄断地位、首先在于阻止像中国这样的大国掌握核技术的部分核禁试条约已经完成，7月25日，三国签订了该项条约。这表明，苏联实际上已经无所顾忌地将苏中两个所谓兄弟国家的关系推上绝路了。把这种做法称为联美反华，是一点也不为过的。

在两国关系更加恶化的情况下，论战进入了一个新阶段。7月31日，中国政府关于部分核禁试条约所发表的声明中称：“苏联政府执行的政策是：联合战争力量，反对和平力量；联合帝国主义，反对社会主义；联合美国，反对中国；联合各国反动派，反对世界各国人民。”这是关于论战即将进入一个新阶段的政治宣言。接着，中国对论战采取了新步骤。1963年9月6日，中国发表了计划陆续发表的系列文章的第一篇《苏共领导同我们分歧之由来和发展》（一评）。直至第二年的7月14日，共发表了9篇，都是以评论苏共3月30日公开信的名义出现的，称为“九评”。文章批评矛头直指苏联，不再有所掩藏。从第一篇就指出：如果我们“跟着苏联领导走，一切照他们的意见办”，那么“我们自己岂不是也变成修正主义者了吗”？文章涉及的问题更广、更展开。以后几篇的标题为：《关于斯大林问题》（二评）、《南斯拉夫是社会主义国家吗？》（三评）、《新殖民主义的辩护士》（四评）、《在战争与和平问题上的两条路线》（五评）、《两种根本对立的和平共处政策》（六评）、《苏共领导是当代最大的分裂主义者》（七评）、《无产阶级革命和赫鲁晓夫修正主义》（八评）、《关于赫鲁晓夫的假共产主义及其在世界历史上的教训》（九评）。在观点上也有发展。例如，中国过去认为“对于由资本主义向社会主义的过渡问题，提出和平非和平的两种可能性，不是单提一种可能性，这就比较灵活些”，使我们在政治上随时处于主动的地位。按照目前国际共产主义运动的状况，“从策略观点出发，提出和平过渡的愿望是有益的，但不宜过多地强调和平过渡的可能”。但在“八评”中则强调了按照马克思列宁主义，“暴力革命是无产阶级革命的普遍规律”。文章明显展示出论战进入新阶段的是：把原来的思想观点上的论战性质，提高到了划清马克思列宁主义与现代修正主义的界限，在国际共产主义运动中从组织上清算现代修正主义的性质。文章开头几篇在说明论战的由来、涉及哪些观点和中国共产党人的观点以后，提出了苏联领导是国际共运中最大的分裂主义者（七评），提出“是批判和清算赫鲁晓夫修正主义的时候了”（八评），提出希望“其他犯修正主义错误的兄弟党的领导同志们认真地思索一下，跟着苏共领导的修正主义路线走，究竟得到了什么结果”（八评），还表示了很大的信心，认为无产阶级革命者“终将选择革命的路线，拒绝反对革命的路线，终将选择马克思列宁主义，拒绝修正主义”（九评）。

第五章
文化·风情

一、百姓人家

◎票证，票证

◎陈云一度对大豆的营养问题进行研究

◎耿飚回忆“渔猎”生活

从三年困难时期开始，中国人与各种各样的票证结下了不解之缘。

买食用油，要油票。

买肉类，要肉票（肥肉比瘦肉难买，因为肥肉可以炼油炒菜）。

买衣服或布匹，要布票（最困难的时期，全国平均每人每年只有3尺布票，只够做一条裤子）。

买糖，要糖票。

买鸡蛋，要鸡蛋票。

豆腐票、香烟票、自行车票、收音机票、手表票、火柴票……几乎所有的日用品都必须凭票购买。

人们缺钱，更缺各种票证！一些有钱的以前的资本家，甚至请求政府取消定息，因为有钱没票也照样买不到东西。

三年困难时期的中国，人民币的地位并不高，在人民币之上，还有数不清的各种票证！

票证的出现，是短缺经济的一种突出表现，是政府控制有限的商品分配方式的一种形式，实际上也是一种实物配给制。

在经济正常运行、价值规律正常发挥作用的情况下，法定货币起着唯一中介物的作用。但是，不论政府怎样干预或控制经济，价值规律仍然顽强地发挥作用，只不过是以隐蔽的方式起作用。各种实物票证实质上是与法定货币具有类似功能的变种的“货币”。在黑市中，各种票证都能用货币买到，从而变相地抬高了商品的价格。

各种票证中，最重要的是粮票。“民以食为天”，到国营粮店买米面或熟食，都得用粮票。粮票面值从20斤一直到半两，分为粗粮票和细粮票、全国粮票和地方粮票。

国务院副总理陈云一度对大豆的营养问题进行研究，看看是否可以让中国老百姓多吃一点大豆，以代替极其匮乏的粮食。

科研部门受命对各种野菜野果进行研究，从中寻找“代食品”。

各机关纷纷到乡村“开荒”、“借地”。为了让大家吃饱，外交部副部长耿飚到处作揖向军队的老战友求援，同时又派外交部枪法好的复转军人，到荒无人烟的大草原用自动步枪打黄羊，派来自海边的机关工作人员到大连近海捕鱼，运回来后分发给饥肠辘辘的外交官。这样，连中央政府的大机关也开始了近乎原始的“渔猎”生活。关于这一段历史，耿飚在《耿飚回忆录》中有生动的回忆：

我作为副外长，除分管地区业务司外，还分工领导总务司。总务司负责全部的后勤供应，对外交业务起着保障作用，工作很重要，但也很繁杂。

当时，我国的经济政策发生了严重失误，使生产力受到破坏，生产下降，物资匮乏，导致全国经济陷入困境。当然，一些地方连年发生自然灾害，也加重了经济困难的程度。而庐山会议上对彭德怀、张闻天等同志的正确意见的批判，使得经济领域中“左”的错误进一步滋长，从而使经济困难变成了一场持久的经济危机，以致社会上普遍发生饥荒。在这种情况下，外交部的工作人员自然毫无例外地受到了这场经济危机的影响，有许多人因食品不足、营养不良而浮肿、生病。

为了保障全部工作人员的健康，以便不影响外交业务，我找总务司司长、副司长等商议，能不能开辟一些食品来源。

有的同志连连摇头说：“困难啊！现在粮食、油、糖、肉、蛋等都凭票供应，不凭票的蔬菜市场上也很稀少，到哪里去搞到食物呢？”

我说：“多想些办法，能否到外地去采购，或者组织一些人自己动手搞生产，就像当年我们在延安搞大生产运动？”

听我这么一说，有的同志就提出，别的单位都自办农场，还有的到东北和内蒙古去打黄羊，我们可否也这样做？

我说：“好啊，等我向部党委请示一下，如果同意，我们就搞。”

在外交部党委同意了这个想法后，我就和总务司的几位领导同志一起拟订了一个具体方案，设想从三个方面来进行生产和增加食品供应：一是组织一个垦荒队，到北大荒去开垦荒地种黄豆；二是组织一个捕鱼队，到渤海之滨去捕鱼，或建鱼池养鱼；三是组织一个打猎队，到大兴安岭地区去打黄羊。

在将这个方案付诸实施时，总务司的同志向我提出了几个要求：种黄豆要有土地和豆种，打黄羊要有枪支弹药和汽车，捕鱼或养鱼要有鱼池和资金，最后还得有火车车皮把收获的农副产品运回北京，而这些总务司都无法办到，希望部领导加以解决。我将上述情况报告外交部党委后，部党委授权我解决这些问题。我就去找当时担任有关部门领导的老战友，请他们大力协助。

首先，我找了王震同志……他批准拨给我们400亩地，还借给我们25吨黄豆。我们将一部分黄豆作为种子，一部分运回北京磨豆浆，放在食堂供应，使全部工作人员每天早晨都可以喝到热气腾腾的豆浆。接着，我们组织了几十个人开赴北大荒去垦种，当然少不得向当地的生产建设兵团借用些拖拉机、收割机等农机农具。经过艰苦劳动，同志们洒下的汗水，变成了丰硕成果。获得丰收后，我们马上还清了所借的25吨黄豆。

与此同时，我又给解放军总后勤部部长李聚奎同志打电话、发公函，请他帮助提供打黄羊所需的装备。李聚奎同我在红三军九师时就一起战斗过，我很熟悉他那豪爽、直率的性格。此刻他听了我的要求后，毫不犹豫地说："你们要什么，我们尽量提供。"

那时候社会上尚无保护生态环境的观念，国家也没有颁布保护黄羊等野生动物的法律法令，李聚奎同志一听我说为了保障外交部工作人员的健康而要去打黄羊，便欣然支持。他和王震同志一样，并不是仅仅出于对我这个老战友个人的支持，而更重要的是为了支援我国的外交事业。

打黄羊，首先要有枪支。那么要什么枪呢？我考虑，如用步枪，只能单发射击，遇到成群的黄羊，打中一只，其余的都跑了，因此便说："除了步枪外，最好再能借几挺轻机枪。"

"还要什么？"

"还借几辆吉普车。"

我考虑到冬天在野外打猎，需要保暖，所以补充说："还借些皮衣皮帽和大头鞋……"

"行！"李聚奎同志爽快地答允，他告诉我：吉普车和皮衣鞋帽等可由总后拨给，至于枪支，最好通过总参谋部向沈阳军区要。

于是，我又分别给罗瑞卿总长和沈阳军区司令员陈锡联同志打电话及写信。经罗总长同意后，陈锡联同志不仅命军区后勤部拨给我们几挺机枪、一些步枪和子弹，还给了几个探照灯准备安装在吉普车上。这是因为军区的同志对于打黄羊有着丰富的经验，他们知道，在夜间打黄羊时，要打开探照灯，黄羊就会睁圆两个眼睛，傻乎乎地盯着探照灯看，不跑也不动，直到被击中。

有了车辆、装备和枪械弹药，我便叫总务司组织打黄羊的队伍。不久，由总务司副司长陈仰山同志带领一支十多人的队伍，开赴东北和内蒙古交界处，打猎三个月，共猎获数千只黄羊。

陈仰山他们用汽车把猎获物陆续拉到沈阳。但是，这么多黄羊怎么运回北京呢？总务司又来找我想办法。我给铁道部部长吕正操同志挂了电话，要了两节车皮，把几千只黄羊全部运到北京。

总务司到内蒙古去请了一些会做皮衣的师傅到北京来，将黄羊皮做成皮夹克，给年老体弱的工作人员每人发一件。给每位病号的家里送半只黄羊，其余的黄羊肉，一部分分给工作人员，大部分放在部内食堂改善集体伙食。

第三件事是捕鱼。说是捕鱼，其实是“抽”鱼。当时某部在天津附近有几个大盐场下马停办。我们得知后，决定将这些已经报废的盐田变成鱼池。经外交部党委同意，筹措了一笔钱将盐田要过来，加以修建。然后组织了一批人来到这渤海之滨，用管口似圆桌那么粗的抽水机，将海水抽到盐田里。有趣的是，正在海岸边觅食的鱼群也连同海水一起被抽了上来，其中有不少二尺来长的大鱼。我们买了网和防水衣靴，到这些由盐田变成的大鱼池里拉网打鱼。一网可拉数千斤，甚至万把斤。我们把鱼运回北京，将一部分鱼卖给商业部门供应市场，其余的鱼就放在食堂供应全部工作人员。

这种情况在多数党政机关也都程度不同地存在。

二、"学习雷锋好榜样"

◎雷锋于1962年8月15日不幸因公殉职

◎毛泽东等党和国家领导人纷纷题词

◎《唱支山歌给党听》被人们广泛传唱

◎道德的楷模

1962年8月15日，中国人民解放军的一名普通士兵雷锋不幸因公殉职。

雷锋，原是中国人民解放军沈阳军区工程兵某团运输连班长。1940年出生，湖南省望城县人。1960年1月应征入伍，同年11月加入中国共产党。在党和军队的教育下，他树立了坚定的共产主义信念，一心一意跟党走，按照党的路线方针政策行事，为社会主义事业忘我奋斗；他用"钉子"的精神刻苦学习马克思列宁主义、毛泽东思想，学习科学文化知识，热爱本职工作，干一行，爱一行，专一行，愿做一颗永不生锈的"螺丝钉"；他艰苦奋斗，"工作上高标准，生活上低标准"，公而忘私，先人后己，助人为乐。在部队两年零八个月里，他做出了不平凡的贡献，荣立二等功一次，三等功两次，受嘉奖多次，被评为"节约标兵"和"模范共青团员"。雷锋因公牺牲，实现了自己"把有限的生命投入到无限的为人民服务当中"的誓言，充分体现了革命战士的高贵品质和中国人民解放军的优良传统，是全党全军的一代楷模。

雷锋的牺牲，在部队驻地辽宁省抚顺市的广大人民群众中引起无比悲痛。人们无限敬仰和怀念这位年轻的战士。他的模范事迹和崇高精神，迅速在人民群众中传扬。雷锋生前所在部队和沈阳军区所属部队率先开展了学雷锋活动。1963 年 1 月 7 日，国防部命名雷锋生前所在班为“雷锋班”。2 月 9 日，中国人民解放军总政治部发出通知，号召全军开展学习雷锋的活动，并编发了《雷锋日记》。

3 月 5 日，《人民日报》和《解放军报》同时发表了毛泽东写的“向雷锋同志学习”的题词。随后，刘少奇、周恩来、朱德、陈云、邓小平等党和国家领导人一一题词。

刘少奇的题词是：“学习雷锋平凡而伟大的共产主义精神。”

周恩来的题词是：“向雷锋同志学习：爱憎分明的阶级立场，言行一致的革命精神，公而忘私的共产主义风格，奋不顾身的无产阶级斗志。”

朱德的题词是：“学习雷锋，做毛主席的好战士。”

陈云的题词是：“雷锋同志是中国人民的好儿子，大家向他学习。”

邓小平的题词是：“谁愿当一个真正的共产主义者，就应该向雷锋同志的品德和风格学习。”

这些题词指出了雷锋是我国社会主义建设时期新一代的光辉榜样，发出了向雷锋同志学习的伟大号召，明确了学习的重点，从而把全军学习雷锋的活动推向了高潮。中华全国总工会、中国共产主义青年团中央委员会、中华妇女联合会等单位先后发出学习雷锋活动的通知。全国各地报刊、广播电台、电视台纷纷发表学习雷锋的社论、评论和文章。一些新闻出版机构相继出版了《雷锋的故事》《雷锋日记》和雷锋事迹的图片。总政治部和共青团中央联合举办了《雷锋同志模范事迹展览》。

《唱支山歌给党听》是由雷锋抄录以后谱成的歌曲，至今人们仍在传唱：

> 唱支山歌给党听，我把党来比母亲。母亲只生了我的身，党的光辉照我心。旧社会，鞭子抽我身，母亲只会泪淋淋。共产党号召我闹革命，夺过鞭子揍敌人。

当时，一位作曲家从雷锋日记中看到了这首《唱支山歌给党听》的诗。诗没有署名，便误以为是雷锋所作。后来查明，诗的原作者为焦萍，是雷锋将其抄录入自己的日记的。虽然歌词仅有八句，却具有很丰富的思想和感情。这首歌曲由才旦卓玛首唱，当时她刚从上海音乐学院毕业，由她这位农奴出身的文艺工作者演出，更具感染力。

全国党、政、军、民、学各界，各条战线，各个行业，从上到下掀起了一个持久的学习雷锋热潮。像雷锋那样做人，像雷锋那样工作、学习和生活，在全国蔚然成风。学习雷锋活动的开展，有力地促进了部队建设，调动了广大人民群众大干社会主义的积极性，形成了良好的社会道德风尚。

20 世纪 60 年代前期，人民解放军中除了涌现出了雷锋这样的先进典型以外，还出现“南京路上好八连”、欧阳海、王杰、谢臣、麦贤得和武汉军区“硬骨头六连”、广州军区“南海前哨钢八连”、沈阳军区“学习毛主席著作模范红九连”、“神枪手四连”等一大批先进集体和个人。中国人民解放军受到了全国人民的拥护，密切了军民鱼水情。

三、让人怀念的露天电影

◎原始的“立体电影”

◎正片放映之前总有加片

◎电影放映员的职业令人羡慕

在 1962 年，中国老百姓能看到不少电影，看电影成为人们日常生活的一项重要内容，是为数不多的娱乐活动中几乎最重要的一种。

在农村和在城镇看电影不大一样。在农村，看电影一般不掏钱，随便找两棵大树，拉起一块银幕，就可以放映电影了，叫“露天电影”。有时遇上刮风下雨，人们还不肯走，等雨停了，又接着看。在城镇看电影也不难。“露天电影”也是最普遍的方式：公家掏点钱请来放映公司的放映队，在空旷的操场上放映。银幕的前面能看，后面也能看。看这种“露天电影”，最怕的就是刮风下雨。大风一刮，银幕一会儿鼓起来，一会儿凹下去，颇有原始的“立体电影”的味道。那时虽然没有“大哥大”，但是信息传播得奇快。每每十几里地外的居民也潮水般地涌来。大家自由出入，不掏钱。到电影院看电影算比较奢侈，不过也不贵，票价一般只有一角钱，大概是普通青工月工资的二百分之一到三百分之一，学生包场票价只有五分钱。各种各样的剧团也很受老百姓欢迎。电影开始前，总有一些新闻纪录片，叫“加片”。普通老百姓就是在这些加演的新闻纪录片中看到我们的伟大领袖毛主席的，当然也可以看到美国总统肯尼迪之类的“坏蛋”。不论在农村还是城市，电影放映员是令人羡慕的职业，不少年轻姑娘都希望能嫁给放映员。

1962年，老百姓看的大多是革命电影，比如《红色娘子军》《革命家庭》《洪湖赤卫队》《红旗谱》《红珊瑚》《白毛女》《董存瑞》《红日》《七天七夜》《东进序曲》《怒潮》等。

当然，在大都市要好一些，能看到一些外国电影。比如这一年在上海就举办了朝鲜电影周。这个时期，人们可以看到诸如《白痴》《十字军东征》《法吉玛》等苏联电影。通过电影，中国老百姓还能看到一些高鼻子、蓝眼睛的外国人。看了《肯尼迪的真面目》，认识年纪轻轻的美国总统肯尼迪；看了《保卫古巴》，就又认识了大胡子的卡斯特罗。

除了革命故事片外，还有一些生活片，比如《花儿朵朵》《哥俩好》《李双双》。少数民族的电影深受人们喜爱，《刘三姐》《阿娜尔罕》《冰山上的来客》等都大受欢迎。孩子们也能看《大闹天宫》等自己喜欢的动画片。

四、遥远的歌声

◎收音机是奢侈品

◎高音喇叭定时播出固定的节目

◎合唱是主要形式

◎《听妈妈讲那过去的事情》

除了看电影以外，听歌、唱歌是普通大众的另一项娱乐内容。

这一时期，老百姓中有收音机的不多，电视机只是在北京的一些深宅大院里才有（当时没有什么电视台，播出的电视节目也很少，对普通百姓没有什么意义）。收音机普及率也很低，谁家有台收音机，就是可以夸耀的奢侈品了。收音机都是交流电的，以“灯”的多寡作为档次高低的标志，档次最高的是5灯的，就是有5个电子管的。至于款式、大小就无心顾及了。人们听歌主要是从当时十分发达的公共广播里听到的。当时，不论在农村还是在城市，一些电线杆上挂着高音大喇叭，有的喇叭功率极高，声音能传数里之遥。

高音喇叭对人们的日常生活太重要了。领导靠喇叭发布指示、召集会议。常常在开会前播放歌曲，散会以后还会播放一会儿歌曲。有的人其实对开会并不感兴趣，但为了听歌也会待下去。在农村、工厂、机关，甚至在居民区里，高音大喇叭定时播出固定的节目，有时这些高音喇叭仿佛军队的作息号，成为人们工作生活的“闹钟”。高音喇叭不但使人们听新闻了解外部世界，高音喇叭也是百姓听歌娱乐的主要渠道。人们天天听喇叭里播放的歌曲，久而久之，耳熟能详，甚至连没上学的孩子都会唱上几句。

合唱是主要形式，而合唱曲目又几乎全是革命歌曲。

革命歌曲是广播里最常播放的。那时，人们常常听到的歌曲有《咱们工人有力量》《社会主义好》《大刀进行曲》《一天赛过二十年》《我的祖国》，还有《绣荷包》《娘子军连歌》《草原晨曲》《十送红军》《珊瑚颂》《女民兵》《三杯美酒敬亲人》《唱得幸福落满坡》《歌唱毛主席共产党》《牧马人之歌》《毛主席永远和我们在一起》《祖国大地任我走》等。一些优秀的歌曲如《延安颂》《在太行山上》《黄水谣》《南泥湾》《团结就是力量》《歌唱二小放牛郎》《解放区的天》《歌唱祖国》《中国人民志愿军战歌》《我骑着马儿过草原》《歌唱二郎山》《毛主席派人来》《啊！亲爱的伊犁河》《逛新城》等一直流传至今。

1962年，毛泽东的词《蝶恋花·答李淑一》被谱成曲子。毛泽东这首词写于1957年5月11日，发表后先后有多位作曲家将其谱写成歌曲，其中传唱较广的，一是李劫夫谱写的，另一首便是赵开生谱写的。赵开生谱写的这首发表后，立即受到人民群众和广大文艺工作者的欢迎，不但苏州、上海等地的评弹演员们多次用评弹的方式演唱，许多声乐演员也用艺术歌曲的方式演唱。孩子们也有自己喜欢的歌曲，其中有至今还在传唱的《听妈妈讲那过去的事情》。歌词是这样的：

月亮在莲花般的云朵里穿行，晚风吹来一阵阵快乐的歌声。我们坐在高高的谷堆旁边，听妈妈讲那过去的事情。那时候，妈妈没有土地，全部生活都在两只手上。汗水流在地主火热的田野里，妈妈却吃着野菜和谷糠。冬天的风雪狼一样嚎叫，妈妈却穿着破烂的单衣裳。她去给地主缝一件狐皮长袍，又冷又饿跌倒在雪地上。经过了多少苦难的岁月，妈妈才盼到今天的好光景。

这首流行一时的叙事性儿童歌曲，曲调优美动听，感情真挚，久唱不衰。20 多年后，这首歌在全国第二次少年儿童歌曲评选中获得一等奖。

一些以少数民族生活为题材，以少数民族风格的乐曲为基础写成的歌曲十分流行，甚至到今天人们还争相传唱。如具有蒙古族风格的歌曲《我骑着马儿过草原》：

我骑着马儿过草原，清清的河水蓝蓝的天，牛羊肥壮驼铃响，远处的工厂冒青烟。高楼代替旧篷帐，姑娘们穿起新衣裳。金黄的麦穗迎风摆，欢乐的歌声响四方。自古草原多苦难，如今人人笑颜开，我催着马儿向前走，东方的太阳升起来……

这是一首在 1962 年非常流行的抒情歌曲。歌词以淡雅的笔墨，勾画出一幅欣欣向荣的草原景色。歌曲的旋律在风格上民族性极强，旋律轻盈热烈，许多民族性唱法的男高音演员都演唱过此歌。

如以草原为背景的歌曲还有著名的《赞歌》：

> 从草原来到天安门广场，高举金杯把赞歌唱，各民族兄弟欢聚在一堂，庆贺我们翻身解放！英雄的祖国屹立在东方，像初升的太阳光芒万丈，伟大的人民奋发图强，奔向幸福美好的前方。

这首歌描写了一位从内蒙古来到北京的牧民，当他站在宽广的天安门广场上时，抑制不住内心的激动，不由得举起手中的金色酒杯，唱起了对民族团结的赞歌，对人民获得翻身解放的赞歌，对英雄祖国的赞歌，对美好前途的赞歌。这首歌经其作者、著名男高音歌唱家胡松华演唱后，立时风靡全国。它还曾被引进大型音乐舞蹈史诗《东方红》中。《赞歌》是胡松华的代表作，也是他的成名作。值得一提的是这首歌的歌词，由于政治形势变化的原因，作者曾几次修改。“文革”中修改的有“祝福毛主席万寿无疆”字句的唱法，也非常流行。以藏族风格谱写的歌曲《毛主席派人来》热情地歌唱了中国人民解放军：

> 毛主席呀派人来，雪山点头笑啰，彩云把路开。一条金色的飘带，把北京和拉萨连起来。我们跨上金鞍宝马哟，哈达身上带，到北京献给毛主席。毛主席呀派人来，神兵下凡界啰，风扫乌云开。千年的大山被推倒，百万农

奴站起来。我们高举红旗火把哟，哈达身上带，到北京献给毛主席。毛主席呀派人来，檀香结了果啰，孔雀把屏开。人长精神地长宝，金山堆上云天外。我们捧上青稞美酒哟，哈达身上带，到北京献给毛主席。感谢他给我们带来了幸福，带了幸福来。

为使解放军顺利进驻西藏，加强西藏与内地的联系，经过解放军战士的努力，修筑了一条由四川通往西藏的公路，这便是歌中提到的“一条金色的彩带”。公路修通后，解放军顺利开进西藏，西藏人民载歌载舞欢迎解放军，他们称解放军是“毛主席派来的人”，是“神兵下凡”。歌曲中用了许多虚拟，如“雪山点头”、“彩云开路”等，既形象又具体。这首歌五六十年代风靡全国，凡是男女声二重唱组合，没有不唱此曲的。它还曾灌制成唱片，更扩大了歌曲的影响，成为民族二重唱的经典之作。

具有新疆民族风格的歌曲有《克拉玛依之歌》。这首歌产生于1958年春。它通过一个牧民所见到的戈壁滩上新旧社会两种截然不同的景象，赞颂了我国石油工业的发展，进而歌颂了社会主义建设时期的新面貌和广大人民群众热爱新生活、积极投入祖国建设的精神面貌。

以彝族风格谱写的《情深谊长》：

五彩云霞空中飘，天上飞来金丝鸟。红军是咱亲兄弟，长征不怕路途遥。索玛花一朵朵，红军从咱家乡过。

红军走的是革命路，革命的花儿开在咱心窝。

这首作于1962年的歌因编入舞蹈史诗《东方红》而得到普及，邓玉华因演唱这首歌而逐渐成为人们喜爱的歌唱家。

在城市，在青年学生中间，经常传唱着一些苏联歌曲，比如《莫斯科郊外的晚上》《喀秋莎》《伏尔加船夫曲》《红莓花儿开》等。中苏分裂后，在公开演出中这些歌曲一度就很少演唱了。

五、中国人怎样看外国人

◎中国人痛恨美国

◎反苏情绪迅速蔓延

◎看老外的长相都差不多

◎长发、交谊舞……被当作“流氓”习气

那样一个封闭的时代，那样一个逐步被“单位化”的时代，中国人既缺乏了解外国人的条件，也缺乏了解外国人的必要。中苏分裂以后，大街上甚至苏联人也少之又少。

中国的老百姓从电影、喇叭、收音机或开大会了解到，他们之所以忍受着长期的饥饿，除了老天爷不开眼以外，主要原因是从前的老大哥苏联落井下石，向中国逼债。他们看过电影《白毛女》，痛恨黄世仁。

中国人痛恨美国。他们不清楚美国有多富裕，相信美国一定有太多的穷人生活在水深火热之中，期盼着他们去帮助、去拯救。

1962年秋，中共中央通过内部渠道，在党员和积极分子中秘密传达了有关中苏分歧的消息。反苏情绪迅速蔓延，随后变成了某种盲目的排外浪潮。

苏联外交人员多次在北京的大街上被群众围攻责骂。

各国驻京外交使团受到的邀请越来越少。

金发碧眼的外国小朋友在幼儿园越来越孤单。

人们对那些有“海外关系”的同胞保持着警惕。

……

中国人见到外国人的机会并不多，单从相貌上分辨不出他们的国籍。1962年夏一个周末的夜晚，几位古巴外交官到北京全聚德烤鸭店吃饭。饭店女服务员以为他们是苏联人，拒绝为他们服务，并当场怒斥苏联人“背信弃义，落井下石”。后来几经交涉才吃到烤鸭，但是随后算账时，饭店服务员出于“义愤”，有意多收了他们的饭钱。几位受了气的古巴人随即向中国外交部提出交涉，惊动了政治局领导。

从国外学来的“舶来品”受到盲目排斥。长发、交谊舞、高跟鞋、甚至连衣裙，都被看作是资产阶级的生活方式的体现，当作“流氓”习气而被禁止。

1962年，乍暖还寒时候。

结　语

西方人说，一滴水可以映射出太阳的光芒，中国人说得更简洁一些：审堂下之阴，知日月之行，阴阳之变。以小见大，是东西方的共识。1962 年的中国，是中国人在探索现代化的道路途中一个重要的三岔口，多个方向的角逐和博弈，让后世的人在看这一段历史的时候，能够真切地感觉到其中无限丰富的可能性。正如恩格斯那一个平行四边形的著名的比方。但是历史的逻辑最后似乎以不可抗拒的内在的力量，把中国推到了“文化大革命”的方向，让我们再一次深切感觉到了历史发展的逻辑中的偶然与必然，可能与现实。

十多年以后这部初稿有机会再版。再版之前重看当年的书稿，发现有很多的错误和纰漏，尽管作者对能做调整和修改的都做了一些改动，但是毕竟时间久远，这些年来一些新的研究、新的材料、新的档案在不断地出现，唯自感学力有限，修改过的稿子仍差强人意。各界的批评，愿洗耳恭听。